［美］刘 嫄　著/摄影

# 畅游世界最大图书馆

## 美国国会图书馆

TOURING THE LIBRARY OF CONGRESS A WORLD OF KNOWLEDGE

漓江出版社
桂 林

**刘 嫄**

三岁启蒙即喜读“字纸”，不幸小学未毕业即失学，做工多年。在无书可读的十年岁月里，苦心自修，以优异成绩考入北京大学生物系。1982、1985 年先后获得生理学学士和硕士学位，1989 年获瑞士巴塞尔大学神经生物学博士学位。毕业后在美国从事科研，发表过许多研究论文，主编过数本英语学术专著，多年在美国国立卫生研究院任研究所国际办公室主任，致力于推动跨学科国际交流合作。

北美华文作家协会会员，美国国立亚洲艺术博物馆讲解员。多年来读书、行路、摄影，足迹遍及六大洲近五十国，并常撰文、演讲，致力于搭建沟通东西方文化之桥梁，中文作品散见于海内外多种刊物上。

# 引 言

爱读书的朋友一定都喜欢逛图书馆。它可能就在你上学的校园里，也可能在你家附近的街巷中。想来，你一定也有兴趣逛逛世界上最大的一座图书馆吧？

不过，这座图书馆可不那么容易去，因为它远在世界另一端的美国首都华盛顿特区。它就是——美国的国会图书馆。

幸好我们有一位刘嫄老师，她就住在华盛顿郊外，从她家去这座图书馆只需要乘一小时地铁。

与你一样，刘嫄老师自幼就是个爱读书的人。三岁时，母亲就为她启蒙，开始给她买书。上小学的时候，她已经有一书架的书了。于是，母亲教她将自己的藏书编目录、做索引，还做了借书登记簿，作为小图书馆开放给班级的小朋友。同时，她还每周随母亲去社区图书馆做义工，把好看的图书借给其他爱书的小读者。

后来她长大了，旅居了世界上不少地方。她每到一地，安顿下来以后的第一件事就是到附近的图书馆去办一张借书证。这样，她就可以经常去图书馆查资料，并且捧一大摞心爱的图书回来读了。自从二十多年前搬到了华盛顿地区，美国国会图书馆便成了她进城时经常去逛的地方。

在这本书里，刘嫄老师将作为向导，引领我们一起神游这座世界上最大的图书馆！

# 目录

国会山鸟瞰图，有白色穹顶的建筑是美国国会大厦；画面左下方的三幢建筑为国会图书馆，其中有蓝色穹顶的是杰斐逊大楼，其左侧是麦迪逊大楼，其下方是亚当斯大楼

第一章

# 知识的殿堂

**1** 亿 **6400** 万件藏品

**3800** 多万册书籍

**1500** 多万帧图像

今天是神游的第一站，我们先去拜访在国会图书馆对外交流部工作的詹妮弗阿姨。

詹妮弗阿姨听说远在地球另一边的中国青少年朋友们对国会图书馆这样感兴趣，很乐意为我们讲讲它的概貌。

## 惊人的馆藏

我的第一个问题是：“这座号称全世界最大的图书馆究竟有多大呢？”

詹妮弗阿姨仿佛早就猜到了我的心思，二话没说，先递过来一张长长的单子。只见上面写着：国会图书馆目前有一亿六千四百多万件藏品，其中包括三千八百多万册书籍、

美国国会图书馆鸟瞰图，左侧是杰斐逊大楼，右侧是麦迪逊大楼，被杰斐逊大楼大部分遮挡的那幢是亚当斯大楼

一千五百多万帧图像！

这个收藏中有五百五十多万张是地图，十几万张是漫画，这在全世界图书馆的地图和漫画收藏中都首屈一指。馆藏中适合少年儿童阅读的书籍和图画的数量也很惊人，有五六十万册之多，其中还有一些是非常少见的珍稀本。此外，国会图书馆还收藏有八百多万份乐谱、三百六十多万件录音和一百八十多万部影视作品！

看着这些惊人的数字，我不禁长长地吁了一口气："天哪！这么多书籍资料都收藏在哪儿呢？"

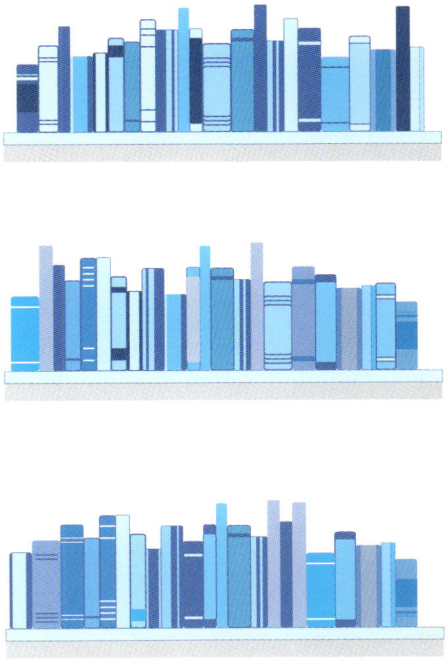

# 宏伟的藏书楼

意大利文艺复兴式的杰斐逊大楼

白色大理石贴面的亚当斯大楼

现代化风格的麦迪逊大楼

詹妮弗阿姨微微一笑，用手指着窗外说：“大部分都收藏在这些大楼里呀！”

她接着向我解释说，左边那幢意大利文艺复兴式样的建筑是杰斐逊大楼，右边那幢有白色大理石贴面的建筑是亚当斯大楼，而我们现在身在其中的这幢现代化风格的建筑是麦迪逊大楼。

国会图书馆这三幢宏伟的大楼都位于华盛顿中心的国会山上。它们不仅在地面上与国会大厦隔街相望，在地下还有甬道相互连接。有了这些地下甬道，无论外边的天气阴晴冷暖，读者索取的图书资料总是可以风雨无阻地从书库送至各大楼的阅览室，也可以及时送达在国会大厦里办公的国会议员和工作人员手中。

詹妮弗阿姨还说，如果把美国国会图书馆所有的书架肩并肩地排列起来，可以连成一条 1400 千米的长龙！1400 千米有多长呢？你如果查查中国地图，会发现这恰好是从北京到上海的距离！

连接国会图书馆各大楼与国会大厦的地下甬道，左侧是行人通道，右侧是运书车通道

阿姨接着说，近年来由于收藏的急剧增加，这三幢大楼的书库都装得满满的，再进新书就没有地方放了。所以 2002 年，在距离华盛顿市区不远的马里兰州建了一座高密度书库。平时不常有读者借阅的书籍资料就存放在那里，每

琳琅满目的书架

天有班车往返送书。2007 年，又在华盛顿的另一个邻州弗吉尼亚，建立了一座现代化视听资料中心。

这座视听资料中心占地整整 45 英亩。1 英亩相当于我们中国的 6 亩地。如果按照中国亩来计算，你一定可以很快算出来这座中心有多么大。

“视听中心”，顾名思义，主要用来收藏与录音和录像有关的资料。例如前面提到过的三百多万件录音制品，其中有早年电台的广播剧啊，古老民歌的黑胶唱片啊，还有国会图书馆举办的音乐会录音啊，等等。

中心收藏的影视资料更是不得了，有一百八十多万部。而且不仅是美国出品的，全世界的影视片都有。如果将它收藏的老式电影胶片一盘盘都拉开来，总共有 4 万多千米长，

如果按中国亩来计算，1 英亩等于 6 亩，那么视听资料中心占地 45 英亩，你能算出是多少亩吗?

中国的 1 亩地又有多大呢? 就是大概可以种 1000 棵玉米那么大。

如果将收藏的老式电影胶片一盘盘都拉开来，总共有

40 000 多千米长，

可以绕地球赤道整整一圈。

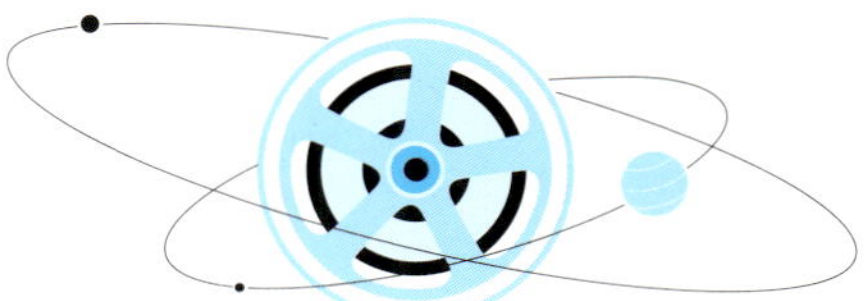

可以绕地球赤道整整一圈呢！

视听中心的功能也很齐全，全世界的研究者都可以来这里查资料、听录音、看录像。还有一座电影馆，每周有三天对公众开放，小朋友也可以随家长一起来观看各种有意思的老电影。有《星球大战》这样的科幻片，也有《泰坦尼克号》这样的故事片，甚至还有一百年前拍摄的无声电影呢！

## 巧妙的集书方式

听到这儿，我下一个问题自然就是：“这上亿件的书籍资料是怎样收集起来的呢？如果都要花钱买，可是一笔了不得的巨款呐！”

詹妮弗阿姨莞尔一笑说，图书馆刚建立时，大部分书籍确实都是花钱购买的。由于政府每年的购书资金有限，图书馆的早期发展曾经受到很大限制。为了扩大馆藏，有位聪明的馆长安斯沃思·兰德·斯波福德先生想出了一个绝妙的好主意。

什么好主意呢？阿姨解释说，在 1787 年建国初期，美国制定的第一部宪法里就提到，作家们辛辛苦苦写出来的书应当受到版权保护。根据宪法的这一条款，美国国会在三年后制定了一部《版权法》，没有版权的人不得盗版翻印作品用来获利，这是保护作者和出版者利益的一件大好事。不过，在接下来的八十年里，版权注册这一工作分散在好几个机关里，比较混乱，工作效率也很低。

于是这位馆长在1870年向国会提出一个建议，对《版权法》作如下修改：第一，将版权申请全部集中到国会图书馆来统一注册；第二，凡是在美国出版的新书，在注册版权时，都要免费提交两本给国会图书馆。从此之后，成千上万的新书便源源而来，版权注册成了国会图书馆主要的免费书源之一。

后来随着科学和技术的不断发展，《版权法》也一再补充更新。包括音乐、艺术、电影、录音，甚至电脑游戏程序在内的创作，也都一一被列入了版权保护范围。

版权局理事会办公室

国会图书馆平均每个工作日会收到约 **15 000** 件书籍资料，其中大约有 **80%** 会留下来作为馆藏。

阿姨不无骄傲地说，如今国会图书馆平均每个工作日都会收到约 15 000 件书籍资料，其中大约有 80% 会留下来作为馆藏。

假设 80% 留作馆藏的全部是图书，那就是每天 12 000 本。如果由一位工作人员专门负责上架，一天工作 8 个小时，请你算算看，这位工作人员平均每分钟里要向书架上摆放多少本新书？ 25 本！

## 为全世界服务的国家图书馆

于是我又问："那么，没留下的书籍又都到哪里去了呢？"

詹妮弗阿姨回答说，有些会转送给其他有需要的政府机构、学校、民间组织，有些则用来与位于美国各地和世界各国的其他图书馆作交换。美国国会图书馆有一半的馆藏，就是经由交换或捐赠而来的。

我顺着她的话头问下去："这样说来，国会图书馆不是仅仅为美国国会服务的喽？"阿姨点点头说，虽然在 1800 年创立时，美国国会图书馆的初衷主要是为国会议员服务，可是它不久就扩大成了为美国以及全世界民众服务的"国家图书馆"了。

世界上大部分的国家图书馆，主要收藏本国语言的书籍资料，而美国国会图书馆的馆藏不仅限于英语，其中有一半以上是外语，包括了全世界470多种语言的书籍和资料呢！

它的中、日、韩文资料，是在亚洲以外最大的收藏。它既有世界上最古老的书，例如距今四千多年前生活在西亚两河流域的苏美尔人，用木棍在泥板上写的楔形文字；也收集每日的最新资料，例如《人民日报》的电子版。

而且，美国国会图书馆对全世界开放。它每年接待一百八十多万访客，回答全球读者上百万条问题咨询，而读者每年对它电子网页的访问高达9200万人次，网上阅读的页数更是高达4亿多页！

詹妮弗阿姨越讲兴致越高，我也越听兴味越浓，时间就在她的介绍中不知不觉地溜走了。我抬头看看她办公室墙上的挂钟，意识到闭馆时间马上就要到了，便不得不起身向阿姨告辞。

走到街上，回头望去，只见图书馆的三幢大楼在夕阳的映照下显得更加庄严宏伟。回顾刚刚听到的简介，不禁叹道：美国国会图书馆收藏了从古至今、从东到西这样丰富的人类智慧的结晶，同时还向全世界提供服务。它不仅是世界图书馆之最，更是一座让人仰慕的知识殿堂啊！

距今四千多年前苏美尔人写的楔形文字泥板

国会图书馆对全世界开放。

每年接待约

**180** 万位访客

回答全球读者上百万条的问题咨询，电子网页每年的浏览高达

**9200** 万人次

第二章

# 殿堂的奠基人

《美国独立宣言》这一立国文献由杰斐逊起草，亚当斯等人修订，所以他们两位都被誉为“美国独立之父”。

麦迪逊，则是因为参与制定了《美国宪法》和有关公民自由的《美国权利法案》，而被称为“美国宪法之父”。

在第一章里我们说到过，美国国会图书馆的三幢大楼分别以亚当斯、杰斐逊与麦迪逊命名。你也许会问，这三位都是什么人呀？图书馆的几幢大楼为什么要以他们的名字来命名呢？在这一章里，就让我们来讲讲这三个人与国会图书馆的故事吧。

## 三位爱书的总统

亚当斯、杰斐逊和麦迪逊都是美国“国父”级的人物。他们分别担任过美国第二任、第三任和第四任总统，而且都对美国建国大业作出过不朽贡献。

你可能听说过美国国庆节是每年的 7 月 4 日。为什么他们把国庆节定在这一天呢？

这要从 1776 年说起。当时的美国还是英国殖民地，不是一个独立国家。所以他们的议会不能叫作国会，而叫作“大陆议会”。在 1776 年的 7 月 4 日，这个“大陆议会”通过了美国历史上第一个重要的文件——《美国独立宣言》，宣告美国将从英国的控制下独立出来，成为主权国家。于是这一天就象征着美国立国的开始，后来人们就把 7 月 4 日定为美国国庆日。

杰斐逊——“美国独立之父”

《美国独立宣言》这份重要的立国文献正是由杰斐逊起草，又由亚当斯等人修改定稿的，所以他们两位都被誉为“美国独立之父”。麦迪逊，则是因为参与制定了美国历史上另外两部非常重要的法案——《美国宪法》和有关公民自由的《美国权利法案》，而被称为“美国宪法之父”。

亚当斯——“美国独立之父”

读到这里你可能会想，这几位美国历史上的大人物与图书馆又有什么关系呢？

如果你听了这三个人的成长经历，对于他们为什么会成为国会图书馆的奠基人，就一点儿也不会感到奇怪了，因为他们三位都是从小就博览群书的爱书人。

约翰·亚当斯小时候又矮又胖，绰号叫作“小胖子”。他的父亲虽然文化程度不高，却非常支持鼓励儿子读书。因为书读得好，亚当斯中学毕业后考上了美国顶尖的哈佛学院，就是今天哈佛大学的前身，现为哈佛大学文理学院属下的本科生学院。

麦迪逊——“美国宪法之父”

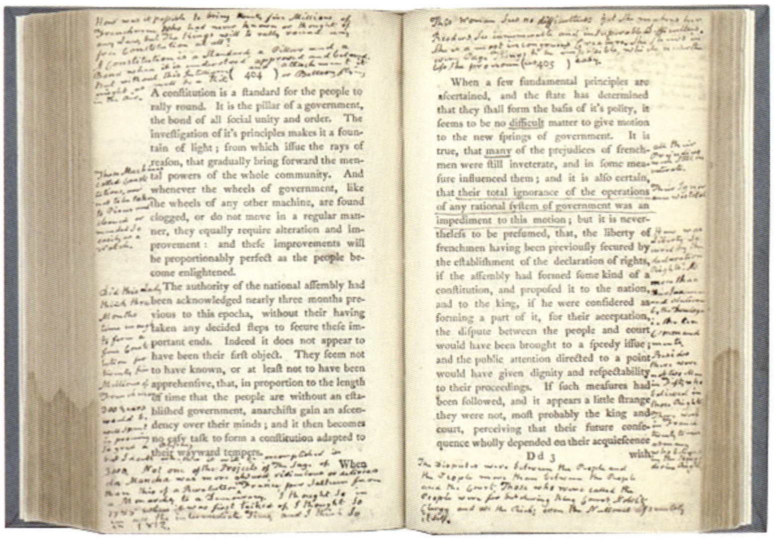

亚当斯藏书，页边写满了笔记

他读完大学，先当老师，后来又做律师，还到欧洲好几个国家做过外交家。1789 年，他成为美国第一任总统乔治·华盛顿的副总统。1797 年华盛顿卸任后，亚当斯当选为第二任总统。

亚当斯上学时就学过拉丁语，后来周游列国，更增强了他的语言能力。除了英语之外，他的法语也很流利。而且，亚当斯不仅喜欢读书，更勤于思考。他读过的书页上常写满了密密麻麻的心得，有些还是他对作者观点的尖锐批评。

杰斐逊名言：I cannot live without books.

亚当斯晚年时把自己的 3000 册藏书捐给离他故乡不远的波士顿图书馆，因为他相信，他们打天下的目的之一就是让后辈可以在和平环境里学习科学、哲学、文学、艺术，从而对人类文化作出更多贡献。

与小胖子亚当斯不一样，托马斯·杰斐逊从小就是高个子。尽管两人的身材不同，杰斐逊与亚当斯在学业和事业上却有许多相似之处。他从小也是优秀学生，也当过律师和外交官。而且杰斐逊的外语能力比亚当斯还要棒，除了英语、法语和拉丁文，他还懂希腊文、意大利文、西班牙文等多种外语，所以他可以自如地用原文阅读书籍。

杰斐逊的书房，窗前小桌上是他设计的可阅读五本书的旋转书台，书桌上是可以同时写出复制页的书写器

杰斐逊一生读过的书难以计数，光是他自己的藏书就有近七千册，其中有许多珍贵的书籍，是他在巴黎经常逛书店

时淘来的宝贝。他私人藏书的数量之多和质量之高，在当时的美国，没有人能够比得上。杰斐逊的爱书如痴，充分反映在他的名言里："我的生活里绝对不能没有书。"

杰斐逊感兴趣的书不光是哲学和政治，也有历史和地理，更有科学和艺术，还有建筑和农业……在自然科学和社会科学的各个领域里无所不包。正是这些从书中汲取的营养，凝结成了他建国治国的智慧，也正是这样广泛大量的阅读，使杰斐逊成为世界上最有学问的政治家之一。他还利用书里学到的知识造房、植树、种菜、养蜂、酿酒、烧菜，甚至亲手发明了不少巧妙的器具呢！

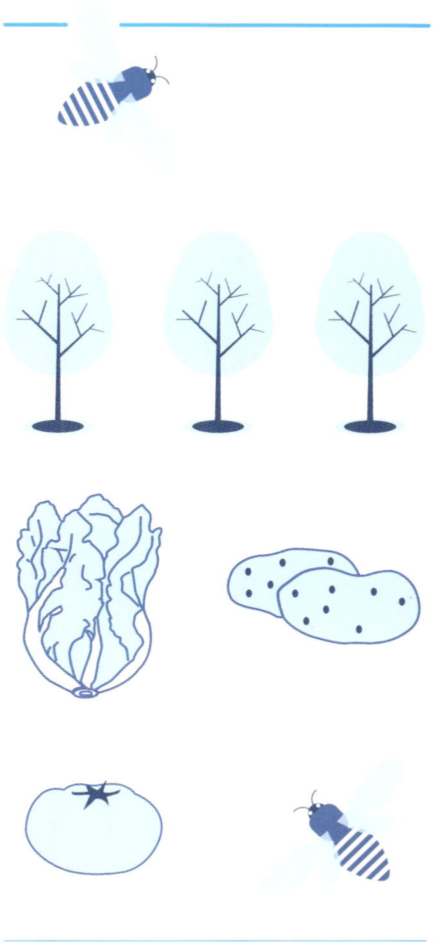

要论外表，詹姆斯·麦迪逊与亚当斯和杰斐逊都不一样，他既不胖，也不高，是个小瘦子。不过要说起好学精神，他与前两位可是非常相像。麦迪逊从 11 岁起就开始学习拉丁文和希腊文。进入大学后，他不仅学习了哲学、法律和希伯来文，而且对许多自然学科都有浓厚兴趣。

在起草美国宪法时，为了从历史中吸取经验和教训，麦迪逊读了不知多少书。他的私人藏书也有 4000 本之多。其中的许多书，在他逝世后都捐赠给了故乡的弗吉尼亚大学。因为他认为，"一个民族要掌握自己的命运，就要用知识的力量武装自己"。

手不释卷的麦迪逊

亚当斯大楼铭牌

## 为国会图书馆奠基

麦迪逊从自己的经历里深深体会到读书的重要。所以早在 1783 年，他刚当上国会议员不久，就提议为美国国会建立一个图书馆。他还根据自己的阅读经验，开列出一张长长的书单，上面推荐了约 1300 种书籍。

然而美国那时候刚刚打败英国赢得了独立，有许多比买书建图书馆更要紧的大事还来不及做。况且当时的美国首都在费城，这个城市有一座不错的市立图书馆，国会议员可以从那里免费借书，所以国会没有批准麦迪逊的建议。

又过了十几年，美国国会决定把首都搬到华盛顿去。那时候的华盛顿市中心是一片低洼地，连房子都没有几幢，更别说图书馆了。所以 1800 年亚当斯任美国总统时，在批准首都搬迁法案的同时，也批准了国会图书馆的建立，并且亲自拨款 5000 美元用来购书。

因为那个年代美国的出版业还很落后，国会把订书单寄给远在英国伦敦的一个书商。整整一年以后，有关政治、历史和法律的 740 册书，经过海运抵达了新首都华盛顿。于是国会在新建的大厦里拨出一间大屋子来做图书馆，议员们就可以很方便地随时来为制定国策寻书查典了。

## 浴火重生的图书馆

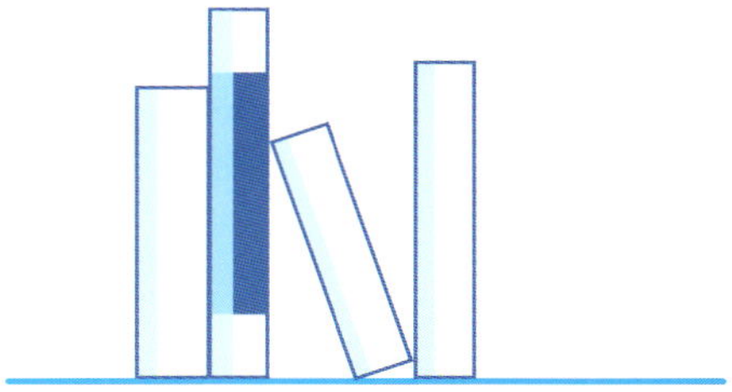

这个不大的图书馆，初建时是由几位国会议员自己管理的。更重视读书的杰斐逊 1801 年当上总统之后，不仅任命了一位专职馆长，还根据自己博览群书的经验，亲自为图书馆选书。

到了 1811 年在麦迪逊总统任职期间，他批给国会图书馆每年 1000 美元的经费购书。可是这个经费很快就不够用了，不久就涨了 10 倍，涨到 10 000 美元。到了三年后的 1814 年，国会图弓馆的藏书就增加到了 3000 册。

不幸的是，这年夏天英国军队入侵华盛顿，一场大火不仅烧毁了国会大厦，国会图书馆的 3000 册图书也全部毁于一炬。当时已退休回到家乡弗吉尼亚州的杰斐逊，听到这个消息心焦如焚，主动提出将他自己六千多本宝贵藏书，用很低的价格出让给国会图书馆。

对爱书如命的杰斐逊来说，每本藏书都像是他的孩子。在他的图书室里，这些书一本本都被放在根据图书尺寸专门设计的松木书架上。在把图书运往华盛顿之前，杰斐逊亲自指挥，将书架的空隙里填满了废纸，再钉上木板。于是，一个个书架就变成一只只塞得严严实实的大书箱，十几吨重的书箱分装在 11 辆马车上。

即使是这样，杰斐逊还是不放心，他又亲手给车夫们画

高瞻远瞩的杰斐逊

了详细的地图，叮嘱他们避开颠簸的道路，以免损坏图书。从杰斐逊自己设计的位于弗吉尼亚州的居所“蒙蒂塞洛”到华盛顿的国会山有近两百公里。这段路程如今汽车只要开两三个小时，可是当年满载杰斐逊书箱的马车队小心翼翼地走了整整七天。

杰斐逊的每本藏书都有登记，他还依据英国哲学家弗兰西斯·培根的分类原则，将书分成历史、哲学与艺术三大类，下面再分成四十多个细目。从此以后，杰斐逊的这批珍贵图书就成为国会图书馆馆藏的核心。而杰斐逊这个广泛涵盖人类知识的选书原则，也成为国会图书馆的办馆方针，一直延续至今。

珍本书是指具有收藏价值的珍贵罕见的图书版本。

## 重建杰斐逊藏书

杰斐逊藏书重建项目。绿缎标签：杰斐逊的原始藏书；黄缎标签：新近买到的藏书；灰纸盒：尚未找到的藏书

非常不幸的是，1851 年的圣诞夜，国会又起了一场大火，烧毁了国会图书馆的三万多本藏书，杰斐逊三分之二的藏书也在其中。

值得庆幸的是，到了一百四十多年后的 1998 年，国会图书馆发起了“重建杰斐逊藏书”的项目，到全世界各国的旧书市场，去淘寻与杰斐逊当年同一版本的珍本。

功夫不负苦心人，这个项目十几年来取得了惊人进展：

重建的杰斐逊藏书厅

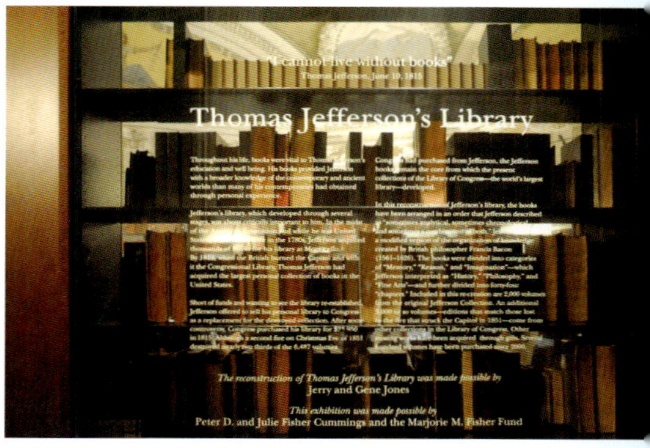


杰斐逊藏书展入口处也写着：“我的生活里绝对不能没有书”

杰斐逊珍藏的《乌托邦》一书

毁于火灾的四千多册杰斐逊藏书中，目前只差两百多本就可以全部补齐了。

如今，这批藏书在杰斐逊大楼二楼西南角的美丽穹顶下展出，参观者可以在展厅的计算机上查找和阅读其中一些已经数字化的重要篇章。前来做研究的学者，还可以去“善本书阅览室”翻阅杰斐逊当年捧读过的珍贵书籍呢！

善本书是指在古代刻印，又经过严格校勘，具有学术价值和历史价值的图书版本。

我在这个展室中心列成环形的玻璃书柜前徘徊良久。走出展厅时，杰斐逊的名言——“我的生活中绝对不能没有书”又一次映入眼帘。

我想，杰斐逊的在天之灵，如果看到他留下的宝贵物质和精神遗产，在两百年后依然激励着当今的人们，一定备感欣慰吧！

第三章

# 殿堂的建筑

宏伟壮观的杰斐逊大楼全景

你可能记得，我们在第一章里讲过，美国国会图书馆在1800年建馆时仅有七百多册书。直到1870年，在馆长斯波福德先生的建议下，出版社向国会图书馆注册版权时提交的新书，才成为源源不绝的书源。

在接下来的六年里，藏书数量激增到30万册。国会大厦拨给图书馆使用的屋子，新到的书堆到屋顶都堆不下了。于是，又是这位有远见的馆长，提出为图书馆建造一幢独立

1897 年，国会图书馆的第一幢大楼——“杰斐逊大楼”终于落成了。

的大楼。美国国会在 1886 年批准了这项建议。11 年后的 1897 年，国会图书馆的第一幢大楼——“杰斐逊大楼”终于落成了。

## 巨大的人力物力

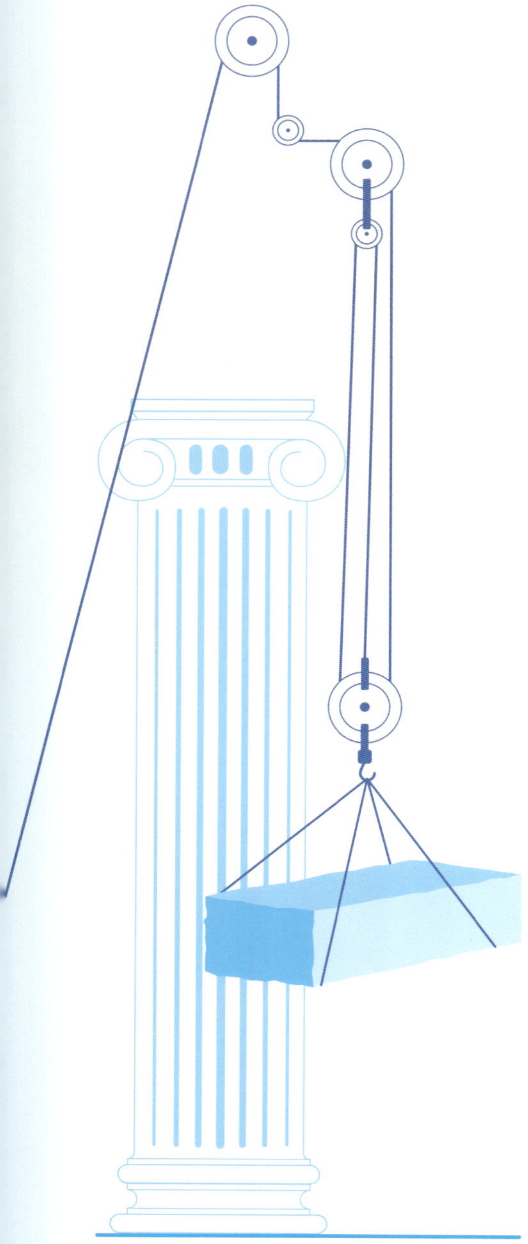

你可能会想，为什么盖一幢大楼要这么久呢？让我们来看看，如果仅以砖石为例，盖这幢大楼花费了多少材料和人工。

建造国会图书馆的花岗岩是从美国东北部的新罕布什尔州开采后运来的，大理石则来自远在欧洲意大利和非洲突尼斯的 15 个采石场，水泥用了 7 万多桶，砖头用了近 3000 万块。而 300 名泥瓦匠努力工作一整天，才能砌 5 万块砖……

从这些数字里可以想见，如今造福全世界的这座知识殿堂的建造中，包含了多少人的心血与汗水。

随着馆藏的不断增加，国会图书馆于 1939 年和 1980 年又增建了“亚当斯”与“麦迪逊”两幢大楼。

也是在第一章里，我曾与大家分享过图书馆三幢大楼的照片。在我看来，三幢建筑以杰斐逊大楼最为壮观。可以说，它是全美国甚至全世界最美丽的建筑之一。这次就让我们一起来神游这座恢宏的知识殿堂吧！

## 高贵典雅的文艺复兴式建筑

文艺复兴是14—17世纪发生在欧洲的一场文化运动，最早在意大利兴起，建筑风格复兴古希腊和古罗马的形式，以柱式系统和穹顶为特征。

杰斐逊大楼是一幢长方形建筑，占据了华盛顿市中心的整整两个街区。它的建筑仿照意大利“文艺复兴式”的风格。

大楼的中心建筑有着曲线优美的穹顶，顶上贴满了金箔，象征着一个熊熊燃烧的“学习火炬”。晴天的时候，这支“火炬”会在艳丽的阳光下熠熠生辉。

走向大楼正面，首先映入眼帘的是一座与罗马的特莱维喷泉相似的美丽喷水池。水池正中坐着英武的希腊海神波塞冬，海神的爱子特里同在他膝下得意地吹着号角。两侧的水仙女骑着马头鱼尾的海马，美丽的卷发随风飘扬。池中的几只海龟口中喷出晶莹水柱，天女散花式地洒向众神，又如碎珠一般跌回池中。

大楼落成年代的铭牌

大楼顶端是熠熠生辉的“学习火炬”

灯柱雕塑

与罗马特莱维喷泉相仿的海神喷泉

从喷泉抬眼向二楼望去，可以看到十几根巨大的希腊科林斯式石柱，石柱之间安放着九尊伟人的胸像。其中有创作出《神曲》的意大利诗人但丁，也有写过《少年维特之烦恼》的德国作家歌德。

意大利诗人但丁

正中央的一尊雕像是美国国父级政治家富兰克林。富兰克林一生功绩卓著，不仅与第二章里提到过的麦迪逊总统一起制定了宪法，也是外交家和作家，更是做过多项科学研究的大发明家。他最有名的发明，就是许多高大建筑上至今还在使用的避雷针。

德国作家歌德

庄重典雅的大楼外观

富兰克林一生功绩卓著，不仅与麦迪逊总统一起制定了宪法，也是外交家和作家，更是做过多项科学研究的发明家。他最有名的发明，就是许多高大建筑上至今还在使用的避雷针。

目光炯炯的富兰克林

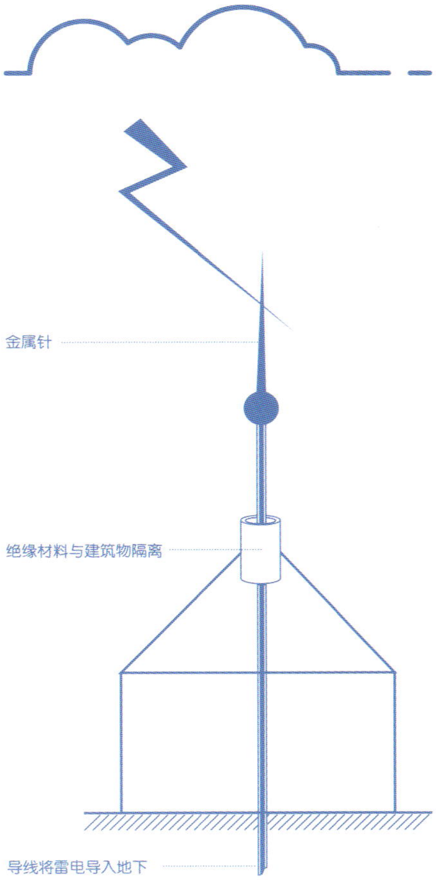


避雷针工作原理

排列在窗楣拱心石上的民族头像

拱心石又叫拱顶石，是拱门或拱窗顶端那块上大下小的石头，它的作用是契合两边的石头，使拱圈成为一个整体来承受压力。

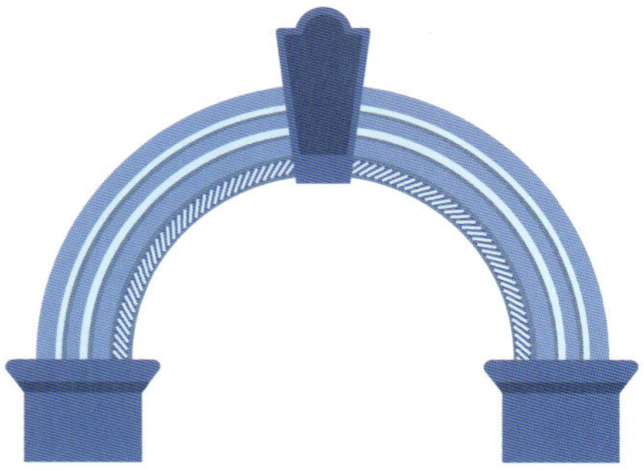

摩西是《圣经》里带领犹太人走出埃及的引路人。

## 生动有趣的世界民族头像

如果你对雕像感兴趣，可以绕着大楼慢慢走一圈。你会看到二楼许多窗楣的“拱心石”上方都镶有一尊人头雕塑，分别代表世界五大洲的 33 个民族。

有趣的是，其中有两尊头像是以真人为模型制作的。一位是在图书馆工作了 46 年的匈牙利翻译家，另一位是美国作家马克·吐温在土耳其旅行时的导游。因为这位导游带队时总是远远地跑在前面，害得游客们气喘吁吁地在后面追赶，幽默的作家便给他起了个外号，叫作“遥遥领先的摩西”。

当你看到大楼左角代表中国人的头像时，可能会问：“为什么这个男人留着一条长长的辫子呢？”那是因为在雕刻头像时，中国还处在清朝皇帝的统治下。明朝男人的发式是将长发挽成发髻，盘在头顶上。清朝当政后，强迫汉族男人按照满族习俗剃去前半部的头发，并将后半部的头发编成长辫子拖在脑后。当时，如果不服从这个命令可是要被砍头的！直到辛亥革命推翻了清王朝，孙中山先生颁布了“剪辫令”，老百姓才剪掉辫子迎接新时代。

以翻译家为原型的匈牙利人头像

## 学习是终身事业

以导游为原型的土耳其人头像

参观完杰斐逊大楼的外围，你可以回到大楼正面，从大门口拾阶而上。

在这里你可以看到，一楼入口处是三座拱门，上面分别刻有象征文学、科学与艺术的石雕。左边的雕像，一尊手持图书，另一尊拿着写字板；中间的雕像，一尊手执知识火炬，另一尊举眼向天探究宇宙奥秘；右方的雕像，一尊在抡锤雕刻，另一尊在挥笔作画。

三座拱门下的扇形铜雕，则分别描绘了人类知识传播的三种方式：口述、书写和印刷。

以清朝人为原型的中国人头像

如果你到得比较早，图书馆的大门还没有打开，你可以看到关着的铜门扉上分别铸有身穿古代长袍的六尊女神像，她们分别代表着想象、记忆、真理、研究、人性和智力。

进入大门穿过前厅，眼前豁然开朗。如果你是第一次进

石拱门两侧是“学生”雕像，上面是“国会图书馆”的英文名称

入杰斐逊大楼的中心大厅，一定会对它富丽堂皇的建筑和金碧辉煌的装饰发出惊叹。我虽然已来过许多次了，可是每次重访，还是会被它的美轮美奂所震撼。

中心大厅的天花板有 23 米高，上面镶满五颜六色的彩绘玻璃窗。地上铺满嵌有几何图案的大理石，正中央是个巨大的铜罗盘，周围装饰着与古代西方占星学有关的黄道十二宫，远远看去就像一朵盛开的向日葵。

大厅正面是一道为纪念杰斐逊大楼落成而造的石拱门，门两侧各有一尊手不释卷的“学生”雕像。有意思的是，左边的一位是一脸英气的俊秀少年，右边却是满面胡须的睿智长者。这一老一少，一左一右，都曲肘斜倚在圆拱门上凝神阅读。

望着两尊雕像头上的那行大字“国会图书馆”，我想，这组雕像的隐含寓意“学习是每个人的终身事业”，不正是对这座知识殿堂宗旨的最佳诠释吗？

美轮美奂的中央大厅

第四章

# 殿堂的艺术

在第三章里，我们介绍了杰斐逊大楼的宏伟建筑，这次让我们一起来欣赏它精美的艺术吧。

## 立志打造最大最美的图书馆

1886 年，美国国会批准建造杰斐逊大楼之后，领受这个使命的建造者决心将它打造成世界上最大最美的图书馆。

他们希望这座知识殿堂的建筑和艺术，不仅要体现出人类智慧的精华，而且能反映出美国当时最先进的科学技术。所以除了优秀的建筑师以外，他们还邀请了全美四十多位顶级画家和雕塑家来设计装饰大楼。

得到这项特殊荣誉的艺术家们集聚首都，义务为图书馆

屋顶上闪闪发亮的几何形图案是铝饰

的建造出力。正是这些艺术家们的贡献，让我们这些访问者一走进大楼的中央大厅，便仿佛置身于一座璀璨辉煌的艺术宫殿（请参看前面第 31 页图）。

## 充分利用最新科技发明

中央大厅分为上下两层，周边围以古希腊式大理石柱与拱廊，天花板上镶着六扇瑰丽的玻璃彩窗。有趣的是，彩窗四周闪闪发亮的金属装饰，既不是金箔也不是银片，而是我们今天很常见的铝制品。

用电力照明的知识火炬

你可能会问，用铝做装饰，是因为它比较便宜吗？原因恰恰相反。铝在19世纪后期才开发出来，因为提炼技术复杂，当时的铝制品比金银还贵重！据说拿破仑三世在法国宫廷举办宴会时，一般宾客只能用金餐具，只有最尊贵的客人才能使用铝制餐具。所以，杰斐逊大楼能用铝制品来做装饰，在当时的建筑业和艺术界可是件稀罕事呢！

大厅两侧石座上各有一尊美丽的铜像，她们手里高举着熠熠生辉的知识火炬。大楼刚开放时，来访者都觉得这两支用电力照明的火炬十分神奇。

你可能又会问，电力照明有什么稀奇？生活里哪能没有电呢？电灯电话自不用说，如果没有电视电脑，我们的生活将多么枯燥啊。然而，在19世纪末，与铝制品一样，电灯也是新鲜玩意儿。你可能不知道，世界上的第一盏白炽灯1879年才发明出来，发明人就是鼎鼎大名的爱迪生。

前厅里仍在展示的“爱迪生灯泡”

建于1897年的杰斐逊大楼，是美国首都第一幢通电的公共建筑。而一般老百姓家里，要到很多年后才用上电灯。所以杰斐逊大楼的前厅里，至今仍然骄傲地展示着几只“爱迪生灯泡”，据说大楼的电梯也是爱迪生帮助设计的。

## 雕塑的殿堂

如果你从手持火炬的铜像脚下往上望，可以看到两道宽阔的石阶，石阶护栏中心各雕有一只地球仪。守护地球仪的是四个意大利文艺复兴式的雕塑娃娃，分别代表亚、非、欧、美四大洲。

石阶护栏上的娃娃浮雕

其中代表亚洲的娃娃，穿着丝绸衣服，身后是一只龙形的瓷瓶，象征着东方世界的文明瑰宝；代表欧洲的娃娃，身边是书本、七弦琴和希腊石柱，象征着西方世界的文学艺术。

护栏壁板上还雕有另外 16 个可爱的男女娃娃，分别代表 19 世纪末美国社会的各行各业：其中有手持乐谱的音乐家、用石臼捣药的医生、举着电话听筒的电工和拿着望远镜的天文学家，还有肩扛锹耙的园丁、手握镰刀和麦穗的农夫、烧饭做菜的厨师、排版印刷的工人、捕捉蝴蝶的生物学家，以及埋头读书的学生，等等。

美洲娃娃（左）和非洲娃娃（右）

亚洲娃娃（左）和欧洲娃娃（右）

尽管这些雕像娃娃手里的工具，如今大半已被当代的高科技设备取代了，这些形形色色行业里的工作者仍旧是现代社会的中坚分子，而孜孜学子也依然是人类未来的希望。

## 壁画的殿堂

逛完大厅，让我们向左转，去参观一个反映社会生活的画廊。画廊正中是一幅题为《家庭》的壁画，场景十分温馨：画面中心是打猎归来的父亲，在他周围环绕着迎上前来的母亲、欢快地张着小手的儿子、亲热地抓着他衣襟的小女儿、倚树相望的大女儿，还有手扶拐杖的老奶奶和刚刚放下书卷的老爷爷。这幅图画呈现的虽然是古代社会的情景，但相信大家的生活经验中，一定也有与之类似的亲情画面吧！

壁画《家庭》

中央大厅的每寸墙面上都覆盖着绚丽的壁画

接着，让我们沿着石阶走上二楼。正中最醒目的是一幅用大理石、玻璃和金箔镶嵌而成的密涅瓦女神画像。

在罗马神话里，密涅瓦既是智慧之神，也是和平之神。因此在这幅镶嵌画里，她右手紧握金色长矛，象征着保卫国会图书馆这座知识圣殿；左手则高举着一张展开的长卷，上面密密麻麻地列着哲学、法律、社会学、物理学、生物学等重要知识学科。

二楼总共有东、南、西、北四条走廊，这些走廊的每寸墙面上，都覆盖着绚丽的壁画。

罗马女神密涅瓦镶嵌画

庞贝式壁画《坚韧》

庞贝式壁画《公正》

例如走廊玻璃门的两侧，是仿照庞贝艺术风格的壁画。壁画深红色的背景上，画着八位身穿白衣的仙女，她们代表“坚韧”和“公正”等我们至今崇尚的美德。

西南角杰斐逊藏书阁上的穹顶画与之相似，四位女神分别代表一个民族发展中的重要特质：胆量、勇气、毅力、成就。

二楼北边走廊上画着五位漂亮女子，只见她们有的在照镜子，有的在听音乐，有的在闻花香……生动地表现了人的视、听、嗅、味、触等各种感觉。

西边是科学走廊，墙上的壁画或者代表数学、物理、化学、生物等不同学科，或者画着一些著名的科学家。

二楼南边走廊上画有代表春、夏、秋、冬四季的美丽女郎。四季女郎的画像下面，写着各种古老的格言，上面则是一些金色的尖角形标记。

你可能会问，这都是些什么标记呀？为什么国会图书馆把它们画在墙上？要回答这些问题，还要从图书印刷的历史讲起。

你可以想象，如果要印大批书籍，首先需要大量纸张，同时也需要高效的印刷方法。我们都知道，中国古代四大发明中的两项就是造纸术和印刷术。根据最新考古资料，早在公元前 2 世纪，我们的老祖宗就开始造纸了。雕版印刷则是在唐朝（公元 618—907 年）发明的，后来又经宋朝（公元 960—1279 年）毕昇改进成活字印刷。正是由于这些重要

穹顶画，四位女神分别代表胆量、勇气、毅力和成就

庞贝是一座意大利古城，公元 1 世纪被维苏威火山喷发的火山灰所覆盖，18 世纪才被挖掘出来，因而不少壁画完好如初。

的发明，我们中国在古代就印了许许多多珍贵的书籍，不仅推动了知识的传播，还把重要的历史保存下来。

然而，欧洲人直到 12 世纪才从阿拉伯人那里学来了中国的造纸术，大规模印刷更是迟至 15 世纪才开始的。那个时代没有正规的出版社，一些印刷书籍的作坊也兼做出版商。四季女郎图中金色尖角下的图案就是欧洲 16 世纪印刷作坊的商标。杰斐逊大楼里这样的标记一共有五十多个呢！

因为这些作坊刊印的大量图书，对科学文化传播的贡献很大，所以国会图书馆把这些标记选作壁画。

中央大厅的屋顶和墙壁上还镌刻了许多人名，这些都是对人类文明作出过重要贡献的人物，其中包括哲学家、

物理

数学

荷马

四季女郎画像

威廉·莎士比亚

维克多·雨果

金色尖角下是印刷作坊的商标

智慧女神画像，下面是丁尼生的诗句：Knowledge comes but wisdom lingers

历史学家和科学家，当然也少不了文学家，例如古希腊游吟诗人荷马、英国戏剧家威廉·莎士比亚和法国小说家维克多·雨果等。

二楼画廊上还有代表各种人类文化概念的图画，画的下方则是与之相关的名人格言。

例如在智慧女郎的画像下面，是英国桂冠诗人阿尔弗雷德·丁尼生的诗句。这句诗看似简单，却蕴藏着很深的含义："学过的知识可能会被忘记，然而从知识里提炼出的智慧却能伴你终生。"

看到这里我体会到，参观杰斐逊大楼这座艺术殿堂，不仅让我们欣赏到美丽的雕塑和绘画，更可以学到深刻的人生哲理。想来，这也正是大楼建造者们的初衷吧！

英国桂冠诗人丁尼生

第五章

# 阅读的殿堂

前四章里我们分别介绍了美国国会图书馆的概况、历史、建筑与艺术，相信你读过之后，对这座知识殿堂已经有了一个大致的了解。

接下来，你可能会想，图书馆，顾名思义，是读书的地方，那么，它的阅览室是什么样子的呢？这个问题问得很好。这次，就让我们一起来逛逛它的阅览室吧。

## 各种主题阅览室

为了方便读者的阅读，美国国会图书馆精心设置了二十多间阅览室，它们分布在前面介绍过的杰斐逊、亚当斯与麦迪逊三幢大楼里。

国会议员阅览室

这些阅览室，有的是根据地区或语言来划分的。例如，亚洲、欧洲、非洲与中东地区都有自己专门的阅览室。西班牙和拉丁美洲讲西班牙语的国家，则共享一间阅览室。

也有的阅览室，是依照书籍内容来划分的。例如，法律、商业、科学与技术各个领域，都有自己的阅览室。此外，还有一间专门研究儿童文学的阅览室。

还有的阅览室，是按照藏品类型来划分的。例如，专门研究地理与地图的阅览室，研究电影与电视的阅览室（即第一章里提到过的视听中心），研究表演艺术与音乐的阅览室，观看绘画与照片的阅览室，以及专供查阅报纸期刊的阅览室等。

因为这座图书馆的主要任务之一，是为美国国会的研究服务，所以它还专设一间供国会议员使用的阅览室。

## 看画作 学知识

国会议员阅览室的南北各有一只大壁炉，壁炉上方是富有寓意的镶嵌画。如果仔细看看，可以学到不少知识。

让我们先来看看南边一幅名为《历史》的画作吧。你能不能认出背景上的三座建筑都是什么？对了，它们由左至右，分别是开罗的金字塔、雅典的帕特农神庙和罗马的斗兽场。

镶嵌画《历史》

你一定知道，如果我们今天去埃及、希腊和意大利，还能亲眼看到这些建造于几千年前的古建筑呢！

画面中间是代表“历史”的女郎，只见她一手握笔，一手持本，大概随时准备为历史大事作记录吧！她的右方有个捧着地球仪的年轻女子，代表着远古的神话；她左方的中年妇女，正在给身边的男孩子讲故事，代表着中世纪的传说。

从这幅画里，我们还可以学到“不同的植物，在不同文化里代表什么概念”这样有趣的知识。画面上我们可以看到，石墙下有一个用橡树枝做成的花环，代表战争。而在西方的

天顶画《真理之光》

许多文化里，橡树也象征力量。你也许不知道，它还是美国的国树呢！

画面上的另一个花环是月桂枝做的，代表和平。在古希腊，月桂冠通常奖给体育比赛的优胜者；而在古罗马，月桂冠则是对打胜仗归来的将军的奖励。

两个花环之上都有棕榈枝，这种树枝在许多古老的文化艺术里都出现过。为什么呢？那是因为许多古代文化是在靠近沙漠的地方发展起来的。在沙漠地带，有棕榈的地方就有水，有些种类的棕榈树上结的椰枣还是热量很高的食物。在沙漠里跋涉许久的旅人，如果能找到绿洲里的棕榈树，就是找到了救命的水和食物。所以在许多古老文明中，棕榈枝都是成功与胜利的象征。它也是一个国家的国树——这个国家就是位于阿拉伯半岛上的沙特阿拉伯。

国会议员阅览室的屋顶上还绘有七幅美丽的天顶画。它们分别用红、橙、黄、绿、青、蓝、紫的彩虹颜色作背景，图案也很生动有趣。例如其中蓝色背景的画叫作《真理之光》。画中的女神，手里举着一面镜子，镜子上的光芒笔直地射向代表无知与谎言的巨龙的眼睛。画面周围的一群小天使，有的在摆弄手里的水平仪，有的则在捧书阅读，他们分别代表科学与知识。

主阅览室穹顶画

## 图书馆最美的阅览室

国会图书馆最大的阅览室，叫作主阅览室，是一间圆形大厅，位于杰斐逊大楼的中心，就在有着金色“学习火炬”的穹顶之下。

从主阅览室抬头向上望去，只见高高的穹顶上画着 12 位栩栩如生的人物，分别用不同国家或民族来代表 12 个文化概念。例如，古埃及代表书写文字，古希腊代表哲学，古罗马代表行政，意大利代表艺术，德国代表印刷术，英国代

贝多芬像

表文学，法国代表解放，美国代表科学……

遗憾的是，一百多年前绘制这幅美丽壁画的艺术家对遥远的东方缺乏了解，他心目中的文明是以西方为中心的。不然的话，我们古老的中华文明，想必也会在此占有一席之地。

主阅览室的周边，围以 8 根 18 米高的大理石巨柱，柱顶上立着优雅的雕像，分别代表宗教、历史、法律、商业、哲学、诗歌、科学与艺术。每尊雕像脚下两边的侧廊里，则是与她们所代表的文化概念相关的历史人物。

仔细看看这些雕像及两侧的人物，我们也可以学到好多东西。

例如，在“艺术”雕像的两侧，一边是文艺复兴时代的意大利雕塑家、画家米开朗琪罗，另一边是谱写过许多伟大乐曲的德国作曲家贝多芬。

“诗歌”雕像的两侧，一边是古希腊游吟诗人荷马，另一边是创作过许多动人戏剧的英国诗人莎士比亚。

“商业”雕像的两侧，一边是发现美洲新大陆的意大利探险家哥伦布，一边是对蒸汽船与潜水艇作过贡献的美国工程师罗伯特·富尔顿。

而“科学”雕像的两侧，一边是发现地心引力的英国科学家艾萨克·牛顿，另一边则是发现电磁感应的美国物理学家约瑟夫·亨利等。

代表“科学”的雕像

主阅览室不仅在位置上居于杰斐逊大楼的中心，功能上

主阅览室全景

也是整个图书馆为读者服务的中心。这间阅览室一共有 236 个座位，排成环形。中心的一座圆台，就是图书管理员接待读者的地方。

坐在这间阅览室里读书，可真是一大享受。读书读累了，抬眼向上，就可以看到牛顿、贝多芬这些伟大人物，他们的目光仿佛正在鼓励我们更加勤奋地学习！

每次来到这里，我都会不禁赞叹：这真是世界上最美丽的一间阅览室！

看了这一章的文字和图片，我想你一定也会有同感吧？

第六章

# 读者的殿堂

大家都知道图书馆的主要服务对象是读者，这次就让我们一起来看看美国国会图书馆是怎样为读者服务的吧！

## 不外借的图书馆

美国国会图书馆与大多数公众图书馆相比有两大不同之处：第一，图书资料一般不外借；第二，大部分藏品不开架。不开架的意思是图书都保存在书库里，读者不可以自己进书库取书。到这里阅读，你要先填好索书单，由图书馆员工到书库里为你取书。

你可能会想，这家图书馆怎么这样小气？其实，制定这些规则，正是为了保证向最大多数的读者提供服务。

我们平时熟悉的学校或社区图书馆，它们的主要功能就是出借图书。所以在这些图书馆里，每种书都会备有数本或数十本，以供借阅。而美国国会图书馆是“研究性质的图书馆”，全世界的学者和民众都可以来这里查资料、做研究。

国会图书馆的一亿多件藏品中，有许多在全世界只有独一份。例如古老的文件，手绘的地图，或者是孤本的图书等。

因为美国国会图书馆的每种藏书仅有一两本，如果允许读者将书借回家，前来查阅同一本书籍的其他读者便看不到了。更重要的是，如果由于开架和外借，珍贵的馆藏不慎遗失，那造成的损失可就无法弥补了。由于这些原因，需要查阅美国国会图书馆藏品的读者，就必须要亲自到华盛顿来。

你也许会问：为什么一定要千里迢迢来这里查阅呢？

那是因为，在国会图书馆的一亿多件藏品中，有许多在全世界只有独一份。例如古老的文件啊，手绘的地图啊，或者是孤本的图书啊，等等。这些珍贵藏品对研究历史、文化和钻研其他许多学科的读者都特别有用。即使不是做研究的学者，仅仅是对某个问题有深入探究的好奇心的读者，这里也是来遨游知识海洋的最好场所。

## 超专业的图书馆工作人员

读到这里，你大概会觉得：哇，上亿的馆藏！读者到这里来找书，不就像在大海里捞针一样吗？其实，你大可不必

问讯处十多种语言的简介册

担心，因为国会图书馆里有许多工作人员会帮你的忙。

首先，你一走进杰斐逊大楼，就有两个问讯处。在那里服务的义工，会根据你的问题，热心指点你从哪里开始着手。在问讯处，你还可以拿到英文版的《阅览室指南》，以及翻译成十几种语言（包括中文）的《杰斐逊大楼参观简介》。

一般读者初次访问国会图书馆的第一站，往往是第五章里介绍过的主阅览室。

在这间阅览室的前厅里，随时有两三位图书馆员向读者提供咨询，而主阅览室的中心圆台处，另有几位图书管理员向读者提供服务。

“图书馆员”与“图书管理员”这两个名称听起来很相似，其实，他们的职责大不一样。

“图书管理员”的主要职责是帮助读者从不开架的书库里调书，办理在阅览室里阅读的借还手续。

而“图书馆员”则是专门学过图书馆学的硕士，有些还是具有某项社会科学或自然科学专科知识的博士。所以，“图书馆员”不仅可以帮助读者又快又准确地找到他们所需的资料，还经常会向读者提供与他们的问题有关的其他信息。

“图书管理员”的主要职责是帮助读者从不开架的书库里调书，办理在阅览室里阅读的借还手续。

“图书馆员”则能帮助读者又快又准确地找到他们所需的资料，还会向读者提供与他们的问题有关的其他信息。

主阅览室前厅里的大词典有两千多页

## 包罗万象的参考书

前不久访问国会图书馆时，接待我的是一位白发苍苍的资深馆员，她在这里已经工作了五十多年了！这位老奶奶馆员不仅对这里的藏书了如指掌，对国会图书馆的历史更是如数家珍，简直就像一部会说话的“美国国会图书馆百科全书”！

首先，她告诉我，尽管美国国会图书馆的大部分图书是不开架的，然而在各个阅览室里，有许多参考书是开架的。开架就是指图书不是藏在书库里，而是摆放在阅览室的书架上，读者可以自己从架上自由挑选所需书籍，在阅览室里阅读。

主阅览室侧廊里的参考书有六万多册

接着，她就带领我参观了环绕在主阅览室周围侧廊里的书架，这里一共有六万多本开架书呢！

只见各种百科全书、知识图鉴、地图册等整整齐齐地排列在书架上，让人目不暇接。其中也有不少与中华文化有关的书籍。例如，在按国家分类的世界百科全书中，可以读到专门介绍中国的书籍。在与历史有关的书架上，则可以看到介绍中国古代神话、儒学和道家的著作。

参考书中更有趣的是一排排的电话簿，其中不仅有崭新的，也有陈旧的；不仅有美国的，也有外国的，我还看到有些是日文和中文的。

你可能心里会纳闷：为什么美国国会图书馆连电话簿都要收藏呢？老奶奶图书馆员告诉我说，这些电话簿对研究历

有关中华文化的参考书比比皆是

早年与当代的美国电话簿

来自其他国家的形形色色的电话簿

史可是很重要的资料，经常有研究家族史、地方史、移民史的学者来这里翻阅早年的电话簿，也有对国际问题感兴趣的人来查找外国的电话簿或城市指南。所以国会图书馆陆续收藏了十几万本电话簿和城市指南，其中很多来自一百多个美国以外的国家，而且他们现在每年还会有 8000 册这方面的新资料入库呢！

《世界图书》的插图有两万五千幅

到 2015 年，《世界图书》更新至

22 卷

除文字外，还配有

25 000 张

照片、地图和插画

开架书中最引人瞩目的一套参考书是《世界图书》。这套包罗万象的百科全书从 1917 年就开始出版了，之后年年更新。2015 年的最新版本有厚厚的 22 卷，除文字外还搭配有 25 000 张照片、地图和插画！

正因为《世界图书》的设计如此图文并茂，无论是大学生，还是中学生，甚至是刚开始识字的小学生也能在家长的协助下，从这部浩瀚的大书里学习知识。这套书封面上的小蜜蜂，就是从知识花朵里汲取营养的众多读者的最好象征！

接下来，这位资深馆员还向我详细介绍了美国国会图书馆的两套书目检索系统。原来，从 1800 年建馆开始起到 1979 年为止，所有图书资料的索引都是用打字机打在卡片上的。这些检索卡片一张张地储存在像中药柜一样的卡片柜里。

检索柜的每只抽屉可以存放一千多张卡片，而这样的抽屉总共有两万多只。你可以算算看，这 180 年间收藏的书籍资料有多少？答案是两千多万！

不过，1980 年之后，国会图书馆开始采用计算机来登记它的收藏，以前的检索卡片也大部分数字化了。

我对国会图书馆藏有多少关于中国图书馆的资料挺好奇，于是就在计算机检索系统上打进英文的“中国”和“图书馆”两个词，一下就查出一百多条书目。我再打“中国历史”这个词，这下可不得了，查出来三千五百多条！好在有馆员的指导，很快就找到了我感兴趣的有关中国艺术、食品科学和少儿图书的书目。

书目找到了，要到哪里去看书呢？老奶奶馆员说，如果看中文书，要去杰斐逊大楼的“亚洲阅览室”；看科学书，要去位于亚当斯大楼的“科技阅览室”；看地图，要去“地理和地图阅览室”；看少儿书，则要到“儿童文学中心”或“小读者中心”去。

遗憾的是此时天色已晚，其他阅览室我们只能改日再去了。

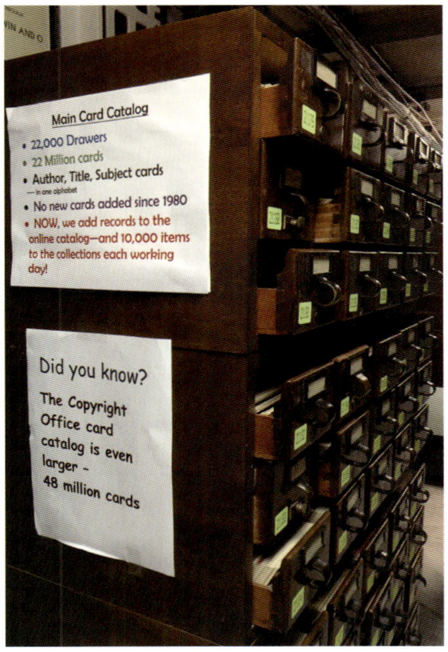

古老的检索卡片有两千多万张

第七章

# 中文的殿堂

你可能记得，在上一章里，主阅览室的馆员说过，读中文书要去亚洲阅览室。这次就让我们一起来逛逛这间阅览室吧！

通向亚洲阅览室的走廊

## 百万中文藏书

美国国会图书馆的亚洲阅览室位于杰斐逊大楼南侧，在一条金碧辉煌的走廊尽头。

走进宽敞的阅览室，首先映入眼帘的是两边高大明亮的玻璃窗，窗间排满了几乎碰到天花板的书架。

亚洲阅览室，顾名思义，除了中文，还有日文、韩文及南亚（印度、巴基斯坦、尼泊尔等）和东南亚（越南、老挝、

宽敞明亮的亚洲阅览室

柬埔寨、印尼等）各个国家多种文字的藏书。国会图书馆的亚洲部一共有 250 万册藏书，中文书就占了其中的一百多万册！

你可能会问，这么多中文书是怎么来的呢？

这要从 19 世纪讲起。我们知道美国国会图书馆成立于 1800 年，刚建立时的馆藏里没有一本中文书。

1844 年，一位中文名字叫凯拉布·顾盛的美国外交官被派去与清朝谈判贸易协定。当顾盛乘船到达当时被葡萄牙人占领的澳门时，办事拖沓的清朝政府让他在那里等待清廷

国会图书馆的亚洲部一共有

250 万册藏书，

中文书就占了其中的

100 多万册

珍贵的中文线装书（右侧的藏书标记特别说明是来自中国清朝政府的捐赠）

当时的书是木版印制的，字比较大，一部书往往要用线装订成许多卷，所以叫“线装书”。

代表，这一等就是好几个月。

顾盛是一位既爱读书又爱买书的学者。在等待的日子里，他可一点儿也没闲着。他一边拜老师学习汉语和满文，一边收集中文图书。顾盛在读书买书的过程中，大大帮助了美国政府了解到中文的书海有多么浩瀚！

到了1867年，美国国会通过了《国际文物出版品交换法案》，并向当时的清朝政府赠送了一批图书。于是出于礼尚往来，清朝的同治皇帝在两年后向美国政府捐赠了十部近一千卷中国古典名著的线装书。1879年，顾盛去世了，国会图书馆向其家人购买了他的两千多卷中文藏书。另一位美国驻中国外交家、汉学家威廉·柔克义也先后向国会图书馆捐了一万多卷亚洲文字的藏书，其中不少是中文的。1904年，清政府参加了在美国圣路易市举办的世界博览会，会后将送来展览的近两百部古籍捐赠给国会图书馆。于是，这几批书籍就成了美国国会图书馆中文馆藏的奠基品。

世界罕见的《永乐大典》抄本

这部编纂于明朝永乐皇帝年间的书有两万多卷，曾是世界上最大的百科全书，其正本毁于战乱，副本也只剩下几百卷了。

## 罕见的中国典籍

在接下来的年代里，国会图书馆通过捐赠、购买和交换，陆续增添了大量宝贵的中文书籍。

如今，亚洲部藏有几千部宋、元、明、清各朝代的善本书。例如：1924 年杭州的藏经塔“雷峰塔”倒塌后，在塔内藏经砖中发现的印于宋朝（公元 975 年）的佛经，这是国会图书馆目前所收藏的最古老的图书；几十卷《永乐大典》的副本；四千多部古老的地方志；上千卷满、蒙、回、藏文的书籍；还有纳西族古老特殊的象形文字“东巴文”的手抄卷等。

不仅如此，亚洲部还藏有早期的上千种中文报纸和上万种中文期刊，目前定期收集的纸本中文报纸杂志和电子版也仍有五千多种呢！

这些书籍资料，对全世界研究中华历史文化的学者来说极其宝贵，因而到这里来读书的有不少是来自世界各地的汉学家，当然也有中国学者，还有佛学专家等。我有一次来这里读书时，就遇到过一群身穿袈裟的僧人。不过，平日来访最多的还是对某个领域的问题有兴趣，特地前来查找中文资料的普通读者。

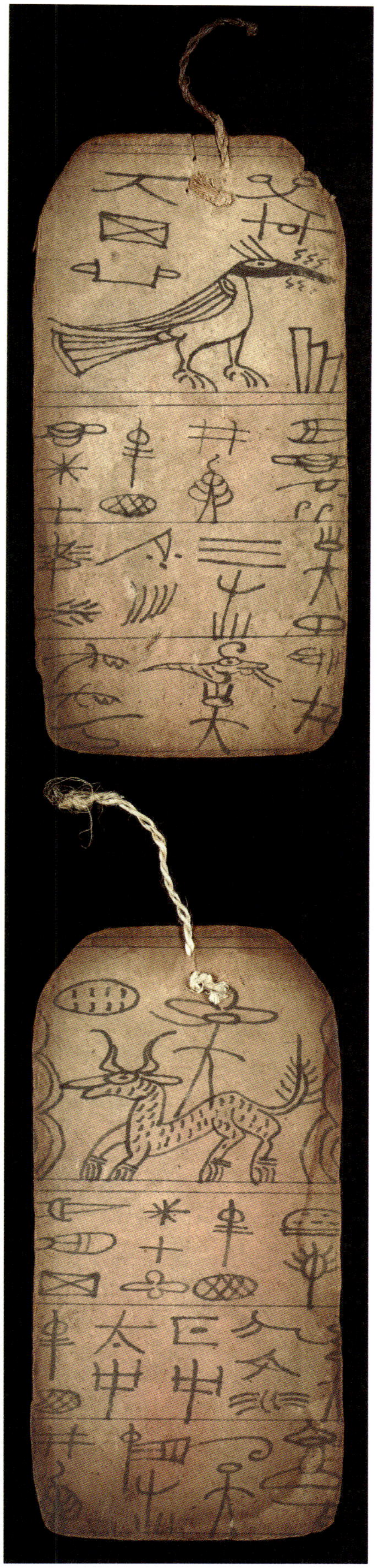

古老的象形文字“东巴文”

中文检索卡片柜

## 收藏穿越古今

我这次来亚洲阅览室，主要是因为要写一篇有关中国艺术的文章，同时也想了解一下中文书的收藏。

与主阅览室一样，亚洲部也还保留着像中药柜一样的检索卡片柜。不同的是，这里的检索卡片主要是中文的。我随手翻阅了一下，就看到不少有趣的条目。例如研究几千年前写在龟甲和骨头上的《甲骨文录》，也有采掘周口店“北京人”化石的考古学家的笔记。

不过，国会图书馆的馆藏索引，现在都已经电子化了。所以我很快就在计算机索引上查到想看的书，填好索书单后就交给前台的图书管理员。他客气地告诉我，如果索要的书在亚洲部书库，一般在半小时之内可送到阅览室；如果书存在邻近的大楼里，需时更长；如果书存在郊区，则可能要明天才能拿到了。听他这样一说，我才想起，因为国会图书馆的藏书实在太多了，比较专业而借阅率较低的书（比如我以前编著的几本科学专著就属于此类），都存放在郊外的高密度书库里，要靠每日班车往返取送。

趁着等书的时候，我浏览了一下亚洲阅览室里的开架书。与主阅览室一样，这里书架上摆放的也是参考书和经典著作。与主阅览室不同的是，这里的书大部分都是亚洲的各种文字。书架的高层上不少是有精美硬皮的套装珍本书，而

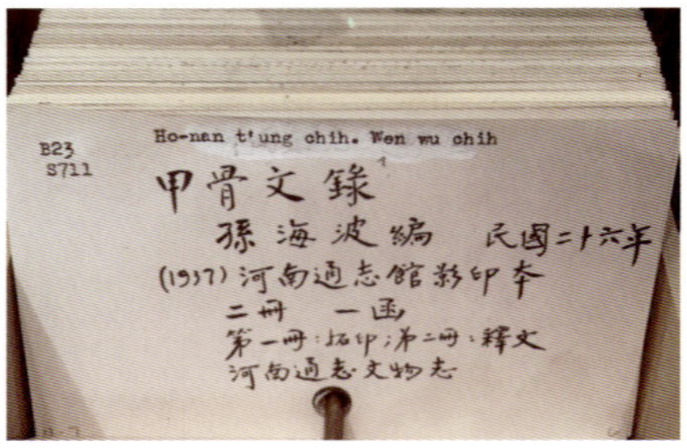


《甲骨文录》检索卡

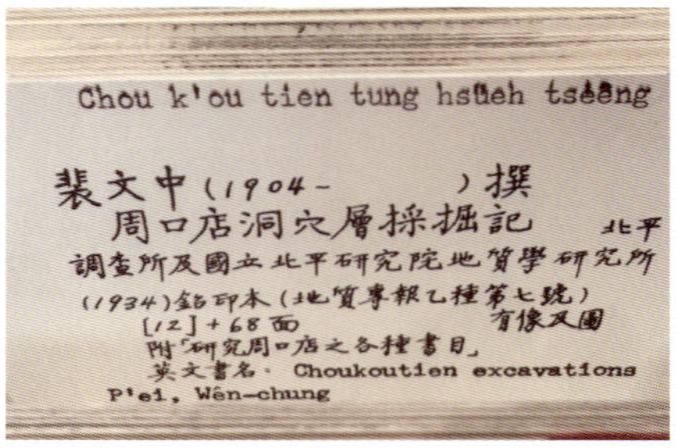


《周口店洞穴层采掘记》检索卡

伸手可及的低层书架上则是各式各样的工具书。

好在我这次索取的书籍都在亚洲部书库，不一会儿管理员就将图书送来了。这摞书里有的是中国艺术史，有的收录了各民族的面具，还有几套是图文并茂的历史故事和连环画，其中有些还装在制作精美的封套里。

装帧精美的套装珍本书

英文参考书

中文参考书

种类繁多的中文藏书

有一套叫作《帝鉴图说》的线装书很有意思。它是明朝一位有名的大臣张居正根据历史故事编写出来，用来教育当时刚刚即位的年仅 9 岁的小皇帝明神宗。书的内容分成两部分，前一半讲的是历史上一些比较英明的皇帝做的善事，第二类则是一些昏君做的恶事。为了让小皇帝容易理解，每个故事还都配有生动形象的插图。

更有趣的是一本外国人在晚清时代拍摄的老相册，其中摄于 1900 年的照片是一群小学生的合影。看着这帧照片，你可能觉得他们这样规规矩矩地站在操场上的样子有点好笑。不过，你最好不要笑话他们。要知道，这些小学生可是与我们高祖父同辈的人呢！在那时候的中国，无论是西式体育课，还是穿制服拍照片，都是自古以来从没有过的新鲜事，难怪这些学生们个个都是一脸紧紧张张的表情！

1900 年拍摄的老照片，一群小学生的合影

曹操面具（白脸）

关公面具（红脸）

带封套的故事书

连环画

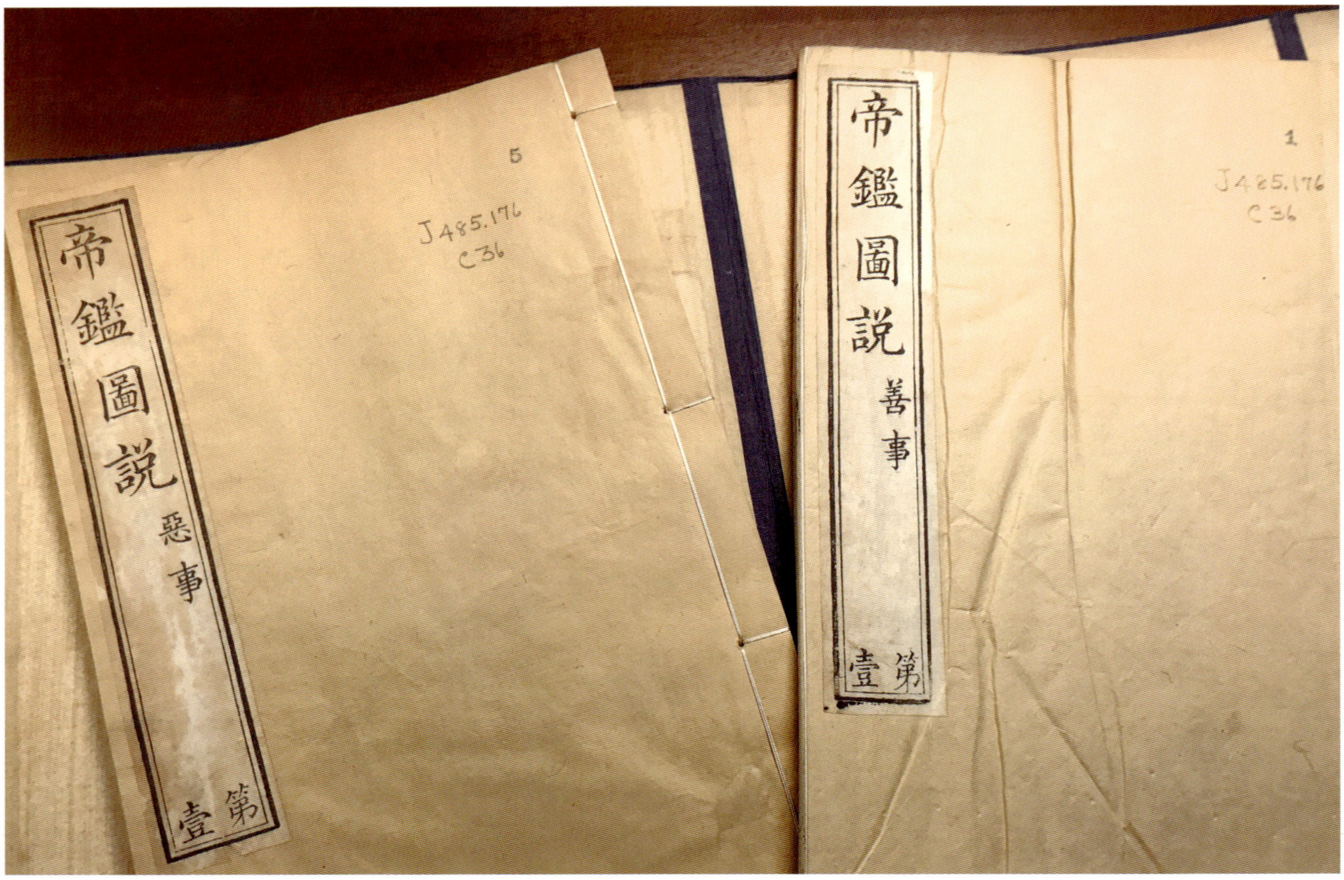

明朝大臣教育皇帝的历史故事书《帝鉴图说》

《帝鉴图说》插图，大禹戒酒防微

《帝鉴图说》插图，秦始皇坑儒焚书

## 言简意赅的孔子格言

在亚洲阅览室读完书，我特地绕到杰斐逊大楼底层去看一幅门楣。你也许记得，在第四章里介绍国会图书馆建筑里的艺术时我们说过，杰斐逊大楼的墙上写满了名人的格言警句。

这幅门楣是孔子的一句名言，英文的大意是："向那些自己不能获取知识的人施予教育吧。"不过，你如果按照这句译文去查中文古书，翻遍四书五经也找不到孔老夫子曾经说过这样一句话。

幸好国会图书馆出版过一本书，详细介绍了画在杰斐逊大楼墙上的警句格言。从这本书里，我查到这段话原来出自《论语·子路篇》，说的是孔子与学生冉有到卫国去的故事。

刚一到卫国，孔子就惊叹："卫国的人可真多啊！"冉有于是问："这么多人该怎么办呢？"孔子说："让他们富起来吧！"冉有又问："富起来之后又该怎么办呢？"孔子就答了两个字"教之"，翻成白话的意思就是"教育他们吧"。

你看，我们的古文多么精练，短短两个字，翻成英文竟是又长又拗口的一句话。但是细想一下，这句英文尽管拗口，倒也是对国会图书馆功能的一个很好注脚——这里不正是向爱书人提供教育的殿堂吗？

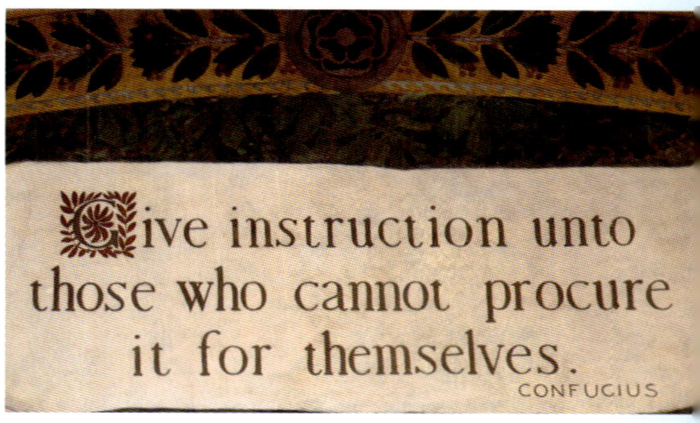

用英文表达的孔子格言：
Give instruction unto those who cannot procure it for themselves.

第八章

# 科学的殿堂

与装饰繁复奢华的杰斐逊大楼（左）相比，亚当斯大楼（右）的风格简约朴实

象征智慧的猫头鹰

如果你喜欢学习与科学有关的课程，想必你对阅览科学书籍一定也有兴趣。这次就让我们一起来参观美国国会图书馆的“科技阅览室”，好吗？

## 有趣的知识铜门

与国会图书馆的大多数阅览室不同，科技阅览室不在杰斐逊主楼，而是位于主楼背后的亚当斯大楼。

我们知道，国会图书馆的第一幢大楼杰斐逊大楼建于1897年。可是到了20世纪30年代，收藏的新书急剧增加，杰斐逊大楼的书库也不够用了。于是，国会又批准建造一幢新楼，于1938年落成——这就是后来被命名为“亚当斯大楼”的国会图书馆第二幢建筑。

初建亚当斯大楼的主要目的是用来藏书，所以这幢建筑采用了当时在美国比较流行的“装饰风”艺术风格。这种建筑风格最初从法国传来，不像杰斐逊大楼的意大利文艺复兴式那样豪华奢侈，而是吸收了面向大众的现代主义风格，比较简约。

亚当斯大楼也占据了整整一个街区。它的藏书面积比杰斐逊大楼多了一倍。如果将它书库里的书架肩并肩地排起来，有将近三百千米长呢，与北京到石家庄的距离差不多。

亚当斯大楼虽然外观比较朴素，在建造上却依然尽量采取了当时最先进的材料和技术，设计上也请来了最有创意的建筑家和艺术家。

它的一楼入口处有几扇绚丽的铜门非常引人注目，上面雕着十多位古代神话传说里与智慧和文字有关的人物。例如，巴比伦的智慧与写作之神纳布，古埃及的智慧之神与象形文字发明者托特，北欧的知识之神与卢恩字母发明者奥丁，等等。

接下来请你猜猜看，门上与文字有关的中国人物是哪一位？没错，答案当然是古代传说中创造了汉字的仓颉啦！

进了大门，穿过前厅，要乘电梯上五楼才能到达宽大的科技阅览室。

不知你有没有听说过，在西方文化里，猫头鹰是智慧的象征。科技阅览室入口处的门楣上，就刻着一对双眼炯炯有神的猫头鹰，它们站在那里欢迎前来寻求智慧的读者。

铜门上的浮雕，巴比伦智慧与写作之神纳布

铜门上的浮雕，北欧的知识之神奥丁

铜门上的浮雕，传说中汉字的创造者仓颉

## 丰富的科技书馆藏

虽然“科技书”这个部门在 1949 年才正式建立，最早的科技藏书却可以追溯到杰斐逊在 1815 年大火后帮助国会图书馆重建的时候。我们知道，杰斐逊是一位博览群书的学者，而且非常重视对科学技术知识的教育。在他给国会图书馆的六千多本图书里，与科技有关的就有五百多本。基于杰斐逊对国会图书馆作出的贡献和他对科学技术的重视，“科技阅览室”被命名为“杰斐逊阅览室”。它的墙上绘满了杰斐逊总统关于自由、民主、教育等理念的壁画，还有一幅杰斐逊的立像。坐在有一百多个座位的宽敞阅览室里的读者，看书看累了扬起头，目光就会与这位国会图书馆奠基人关切的目光相遇。

如今科技书籍期刊的收藏已占整个国会图书馆馆藏的四分之一。其中有些非常珍贵，例如波兰科学家哥白尼提出“日心说”和英国科学家牛顿发现“万有引力”著作的首版，以及加拿大人贝尔发明电话和美国人莱特兄弟发明飞机的文章，等等。

科技阅览室

阅览室墙壁上的杰斐逊画像

科技阅览室走廊的检索柜

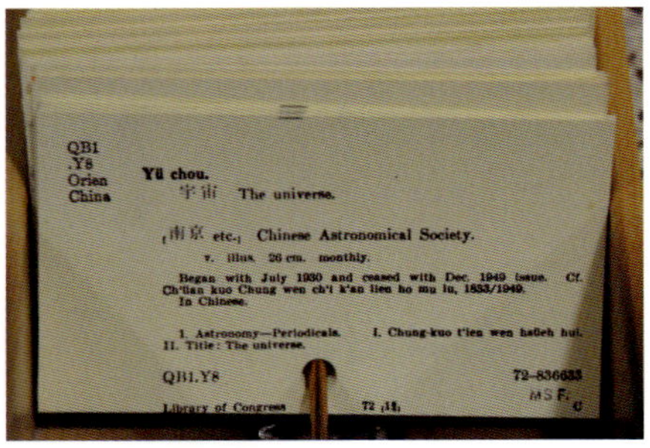


中文科技书刊的检索卡（《宇宙》杂志）

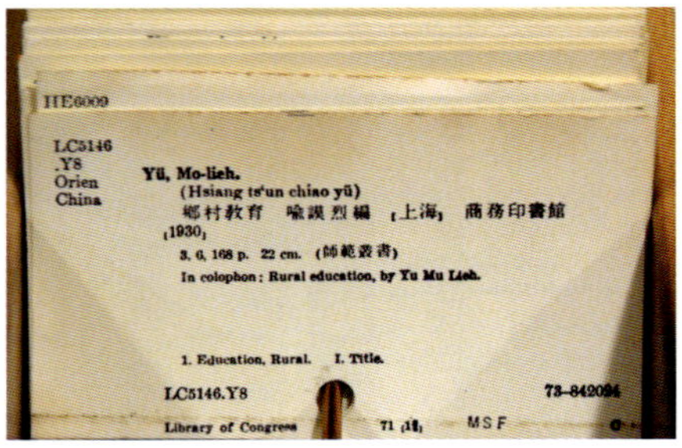


中文科技书刊的检索卡（《乡村教育》）

# 古老的索书系统

这间阅览室也特意保存了古老的检索系统，以便让读者了解美国国会图书馆科技书发展的历程。阅览室走廊墙边立着的检索柜，与我们以前在中心阅览室和亚洲阅览室里看到过的卡片柜很相像。

检索柜里可以查到 1800 到 1979 年间的书刊索引。例如这里列有早年的中文天文学期刊《宇宙》，上面甚至详细注明了这个杂志创刊和停刊的年代；我还在这里看到 1930 年商务印书馆出版的《乡村教育》的卡片。

国会图书馆古老的索书系统更为有趣，是一个有多个窗口的黄铜设施。因为科技阅览室在五楼，而书库在底楼，没有电子索书系统以前，索书的手续十分复杂。读者要先将在索引卡片上查到的书名和书号写在索书条上，交给阅览室的图书管理员，然后回到有黄铜号码牌的书桌旁等候。管理员则要从黄铜索书设施下边的方洞里取出一个塑胶筒，将索书条放进筒里，两端封好，再从左上方的圆窗洞里送下去。

底楼书库里的库工收到索书条，到架上取了书，将书经由传动系统送到楼上黄铜设施右方的方形窗口，管理员再依据书桌上的铜牌号码将索取的书送到读者手中。

想想看，古老索书系统这样复杂的手续，如今只要提前一天在计算机键盘上敲几个键就完成了。等你到了阅览室，索取的书籍说不定已经在等着你了。如今先进的数字化电子系统可真是太方便了！

读者书桌上的黄铜号码牌

古老的索书系统

## 包罗万象的主题

咨询台的标志图案

介绍科技领域杰出女性的读物

杰米森，第一名飞上太空的非洲裔女宇航员

科技阅览室里有专精科技知识的图书馆员为读者提供咨询服务。每个月还会制定不同主题向读者推荐相关读物。

大家知道每年的三月八日是国际妇女节，我有一次三月份来访，主题是在科技领域有贡献的女性人物。

其中一本读物介绍第一名飞上太空的非洲裔女宇航员梅·杰米森。她大学读的是化学工程专业，后来又学习了医学，在做宇航员之前还到非洲国家去治病救人。由于她的科学医学背景，她在太空里研究的课题是骨骼细胞如何在失重环境中生长。

另一本读物介绍了一位名叫张瑞芬的华裔女士。张女士1904年生于广东，17岁到美国学音乐，后来爱上了飞行，演练盘旋、穿云、俯冲、翻筋斗、霞雾飞等高难动作，还钻研航空工程和飞机构造，成为世界上第一位华人女性特技飞行员，也是第一位成功驾机飞越大西洋的女性。她不仅安全飞行记录名列前茅，还参加过许多次飞行表演，并在特技飞行比赛上得过奖呢！

与其他阅览室一样，科技阅览室里也有许多开架的工具书和参考书。工具书主要是英语或与其他语言对照的科技词典。参考书的内容就更多了，数学、物理、化学、生物、航天科学和工程技术等，无所不包。

关于张瑞芬的报道，她是第一位成功驾机飞越大西洋的女性

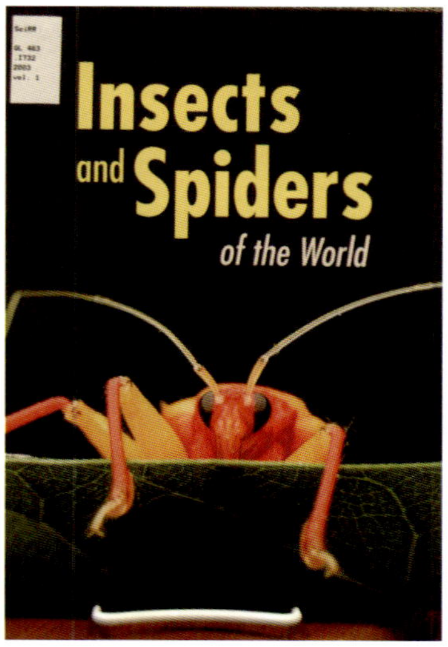


《昆虫与蜘蛛》

关于菌类的读物

在阅览室林立的书架上随意浏览一下，就可以看到许多有趣的标题。例如，在标着“生物类”的书架上，有许多关于菌类（蘑菇）的书，也有不少关于昆虫和蜘蛛的资料。这里顺便说一句，尽管蜘蛛看起来很像虫子，蜘蛛却不属于昆虫类。因为昆虫类的动物都有六只脚，而蜘蛛有八只脚。

食品科学也是馆藏的重点，这里不仅有关于烹调、营养学和健康食品的书籍，甚至还有白宫历任总统的食谱呢！

关于健康食品的书籍

《与总统家庭共饮下午茶》

## 少年科学节目

美国国会图书馆对青少年的科学教育非常重视，图书馆员们设计了不少导读的小册子，指导老师、家长和青少年读者一起阅读科学读物。而科技阅览室里最引人瞩目的书就是一套 20 册的《少年科技百科全书》。

科学导读类读物

展台上也经常摆放一些少年儿童会感兴趣的趣味科学图书。例如有关运动科学和脑力游戏的书籍。还有一本一语双关的《正确“写”科学》。原来在英语里，“正确”（right）这个词与“写”（write）这个词是同音字。

科技图书馆员还在国会图书馆的网站上设计了一个名为《日常生活中的奥秘》的青少年科普节目，内容包括天文、地理、化学、物理、生物、气候、能源、食品等十几大类的有趣问题。例如，“胡椒为什么会让你打喷嚏？”“你能从蟋蟀的叫声多少推测出气温高低吗？”“为什么蜘蛛不会被自己织成的网粘住？”“雪花是怎样形成的？”，等等。

许多老师、家长和学生在网上读了这些问题，也开始设计自己的趣味科学问答。

读到这里，你是不是也想阅读更多的科普书籍，并与你的老师和同学们一起来设计《日常生活中的奥秘》这样的节目呢？

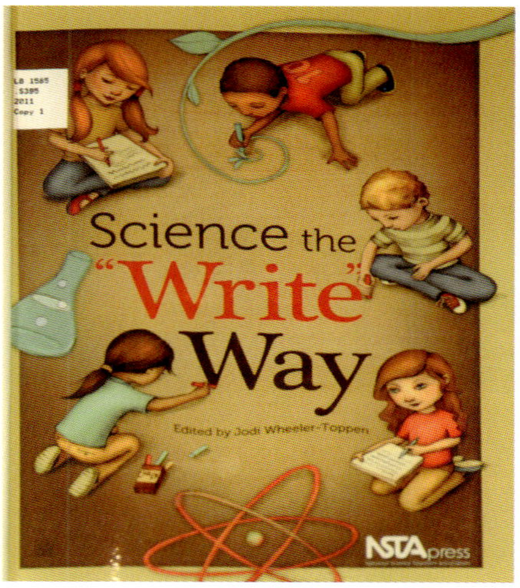

《正确“写”科学》

《日常生活中的奥秘》趣味科学问答

《少年科技百科全书》

少儿科学书《运动科学》《脑力游戏》

第九章

# 地图的殿堂（上）

我们的生活离不开地图，无论是到陌生的山野踏青，还是到遥远的城市旅行，地图都是找路的好帮手。今日的地图，可以是叠放在衣袋里的一页薄纸，也可以是智能手机上的 GPS，还可以是网络上精细到能看清每栋房屋的卫星图。

不过，古时候的地图可远远没有这样简便精确。如果你想知道古人眼里的世界是个什么样子，并想了解地图绘制这门科学又是怎样发展的，就跟我一起来看看美国国会图书馆“地理与地图部”的珍藏吧！

## 世界最大的地图收藏

你可能记得，我们在第二章里说过，美国国会图书馆在 1800 年从英国购置了第一批藏书。不过，在这第一批的 740 本书中，仅有一本地图集与三张地图。

两百多年后的今天，美国国会图书馆却拥有了世界上最大的地图资料收藏，其中包括 500 多万张地图、8 万本地图集、70 万卷缩微地图、500 个地球仪、2000 个三维立体地形模型和 7 万条电子地理资料，当然还有许许多多与地理和地图有关的书籍。

这次来访问“地理与地图部”时很幸运，接待我的约翰·海斯勒叔叔不仅对古代地图有很深的研究，而且还是用现代数学和计算机手段研究地图绘制的专家。

他的堂兄弟彼得·海斯勒（中文名何伟）是在中国当过老师和记者，写过关于当代中国三部曲的畅销书作家。所以，约翰叔叔对中国也比较熟悉。听说我要向远在中国的读者做介绍，他特地带我进入珍品库，去看几件平时轻易看不到的宝贝。

国会图书馆拥有世界上数量最多的地图收藏：

**500** 多万张地图

**8** 万本地图集

**70** 万卷缩微地图

**500** 个地球仪

**2000** 个三维立体地形模型

**7** 万条电子地理资料

托勒密画像（绘于 16 世纪）

# 著名的“托勒密地图”

第一件是一本 1482 年印制的精美地图集。约翰叔叔翻开书，指给我看其中的一幅“托勒密地图”。这幅地图之所以叫这个名字，是因为它是根据古希腊科学家克劳狄乌斯·托勒密的地理概念和绘图方法制作的。

生活在公元 1—2 世纪的托勒密可是一位很了不起的人。他不但上通天文，下知地理，还精通数学。他的第一部大书是《天文学大成》，接着他又写了一部八卷本的《地理学指南》，书中详细说明了如何将圆形地球表面的大陆和海洋投射到平面地图上。

托勒密还在地图上画出一条条竖线和横线，分别叫作“经线”与“纬线”，这些经纬线合起来，就组成了“经纬度坐标”。有了这个坐标，地球上的每个地点在地图上都可以有一个准确的位置。例如，北京天安门广场的坐标是东经 116.4 度与北纬 39.9 度的交叉点。

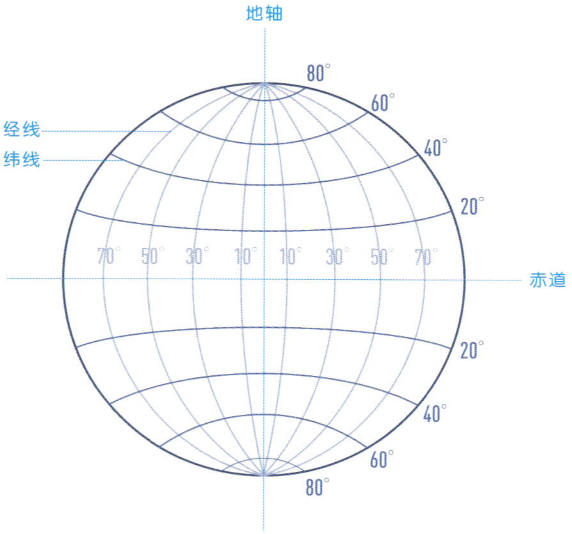


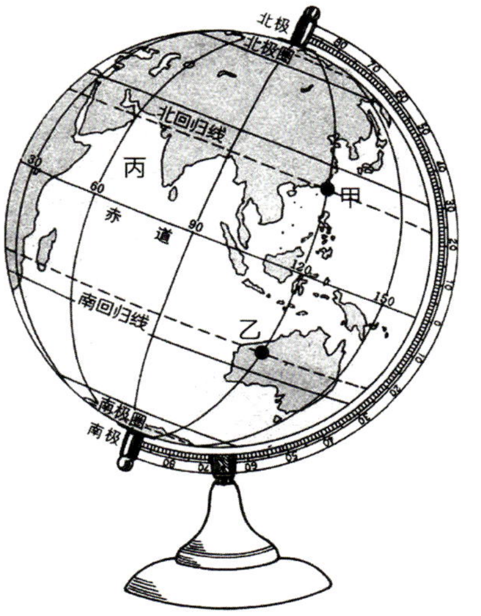

托勒密地图，绘制于 1482 年，发现美洲新大陆之前

有趣的是，这张“托勒密地图”上只画了欧、非、亚三块大陆，其中非洲和亚洲的面积都很大，而欧洲则很小，而且它们都是连在一起的！

你如果再仔细看看位于地图左边的欧洲，它的西方只有一片不大的海水——大西洋。这是因为当时的欧洲人还没有“发现”美洲新大陆，更不知道在美洲和亚洲之间有一个比大西洋还大的海洋——太平洋。

哥伦布画像（16 世纪意大利画家皮永博绘）

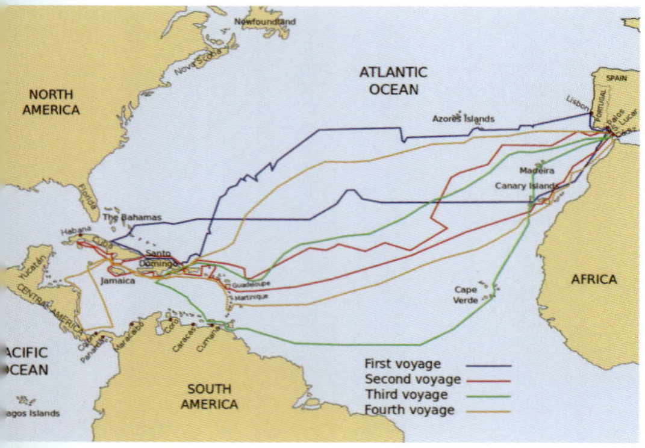


哥伦布的四次航行路线（1492 — 1502 年）

# 想去亚洲却发现了美洲

1492 年想到东方寻宝的意大利探险家克里斯托弗·哥伦布，从欧洲出发时就带着这样的地图。当时哥伦布的想法是，只要根据地图从大西洋一路向西航行，一定可以抵达亚洲。

所以，尽管几次远航的终点都是今天的美洲，直到他去世为止，哥伦布都以为自己到达了远在东方的印度呢！哥伦布把他抵达的中美洲岛屿错认为是印度周围的岛屿，还把在美洲遇到的原住民叫作印度人（中文翻译成印第安人）。

几年后，另一位意大利探险家亚美利哥·维斯普奇跟随着哥伦布的脚步，也多次来到美洲。然而经过他的考察，证明哥伦布的航行终点根本不是亚洲的印度，而是当时欧洲人并不知道的一块“新大陆”。

这位意大利人 1504 年回到欧洲后，把他的探险经历写成一本《海上旅行故事集》。读了他的故事的人，就将这块新大陆以亚美利哥的名字命名为“亚美利加”，也就是后来在中文里我们所简称的“美洲”。至于哥伦布发现的那些包括古巴在内的加勒比海群岛，则被重新命名为“西印度群岛”，而那些美洲的原住民则被称为美洲印第安人。

第一次标明美洲的瓦尔德泽米勒地图（1507 年）

## 首次出现美洲的世界地图

国会图书馆收藏的另一件宝贝是一幅首次用“亚美利加”来称呼美洲的世界地图。这幅后来被称为“美洲的出生证”的地图由德国人马丁·瓦尔德泽米勒在 1507 年绘制，也因他而得名。这幅地图很大，是由十二块木刻版印好后拼接起来的，右上方还印有亚美利哥的画像。

地图右上方的亚美利哥画像

这幅地图在当时曾经印了一千份。不幸的是，这些印制的地图后来都遗失了。两百多年以后，有人意外地在一座德国城堡里找到了唯一留存下来的一幅。一直到了 2003 年，

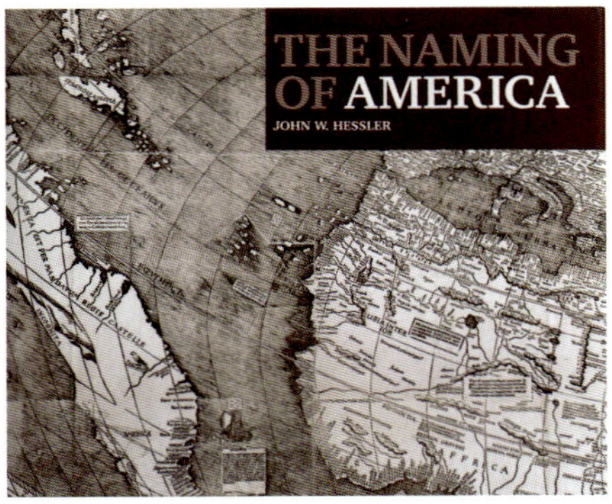

约翰·海斯勒的研究著作《美洲的命名》

这幅宝贵的地图才被美国国会图书馆用重金收购进来。

国会图书馆之所以对这幅“瓦尔德泽米勒地图”如此感兴趣，是因为它对研究古代地理学和地图学都非常重要。凑巧的是，接待我的约翰叔叔就是对这幅地图做过深入研究的学者。为此他不光写了两本很有学术价值的书，还主持设计了一个相关的展览。

约翰·海斯勒的研究著作《重新看世界》

这个展览叫作“探索早期的美洲”，内容非常丰富。先介绍了欧洲人来美洲之前当地原住民的各种文化，包括中美洲的玛雅和阿兹特克文化，还有南美洲的印加文化。这些文化当时都达到了很高的文明程度，有宏伟的建筑和城池。例如位于今天墨西哥的阿兹特克帝国首府特诺奇蒂特兰城，以及位于今天秘鲁的印加帝国首都库斯科。

有意思的是，展览中还提到了与这些美洲文明同时期的其他古老文明，其中还有一张1400年明朝首都南京的地图呢！

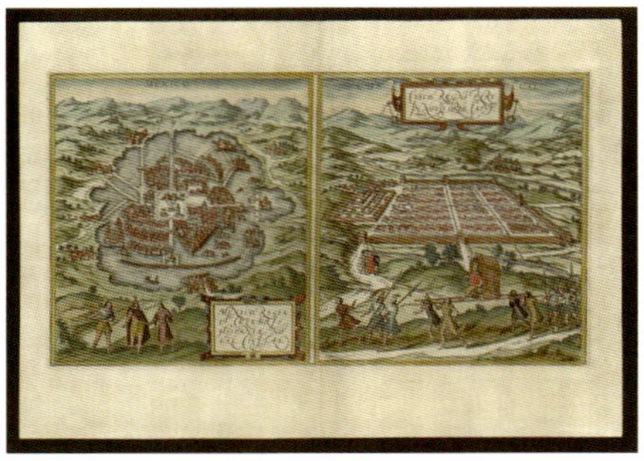
特诺奇蒂特兰和库斯科的城区图
（由早期来美洲的欧洲人绘制）

我后来去看这个展览时，注意到也有不少中小学生来参观。通过国会图书馆讲解员的讲解，我和他们一起学习到了许多有趣的知识，例如古代地图制作是怎样发展起来的，美洲新大陆是如何发现的，以及欧洲殖民者对美洲大陆原住民的残害。

1400 年的南京地图

发现新大陆之后出版的“洪第乌斯地图”（1633 年）

## 古老地图与现代地图的比较

现在，让我们再回到“瓦尔德泽米勒地图”上来。细心的读者可能注意到，与我们今天的世界地图相比，这幅地图右边的亚洲部分很宽大，而左边新添上去的美洲部分则很狭小，这是因为当时欧洲人对亚洲和美洲地理的了解都还很肤浅。

洪第乌斯画像（1619 年木刻画）

下面，让我们来看看另一件珍贵馆藏——1633 年在荷兰出版的“洪第乌斯地图”。这幅地图将世界分成两个半球，左边是南北美洲，右边是欧、亚、非三洲。

值得注意的是，两半球周围分别绘有代表古代西方哲学火、气、水、土四元素的图画。地图的边角上，还有上面提过的古代地理学先驱托勒密，以及制图人荷兰地理学家约道库斯·洪第乌斯的画像。

仔细看一下，这幅洪第乌斯地图上几大洲的位置和形状，与我们今天的世界地图就比较相近了。不过，当代地图不再把世界画成两个半球了。

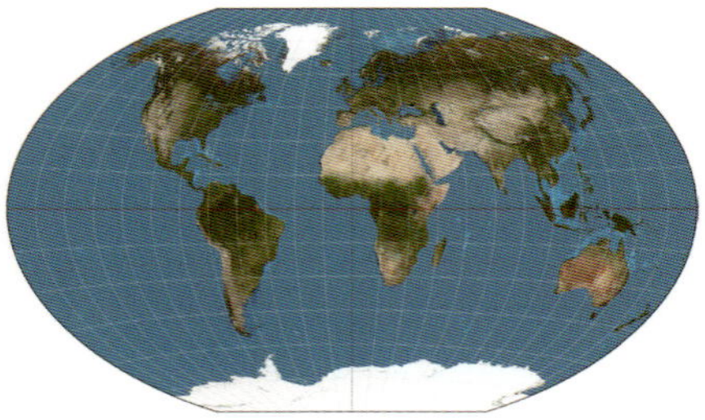

现代世界地图的形式，不再把世界画成两个半球

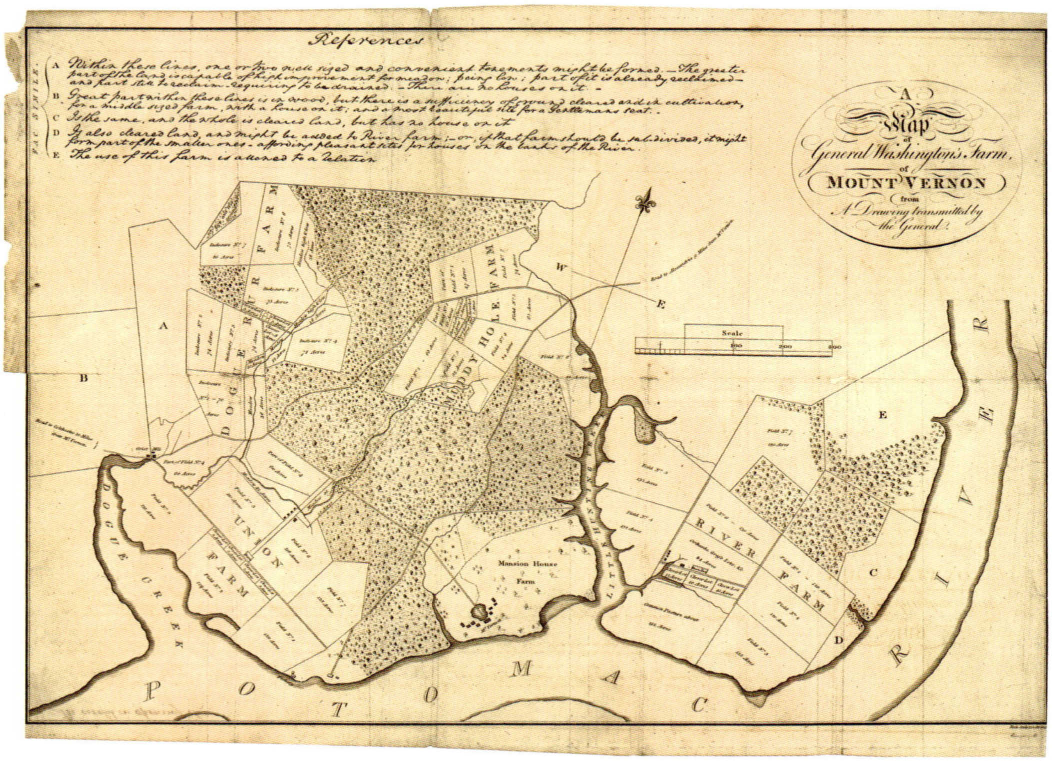


美国第一任总统华盛顿亲手绘制的地形图

## 火药角地图

美国国会图书馆还藏有其他很有历史价值的地图。例如，由美国第一任总统华盛顿亲手绘制的地形图。原来，华盛顿十几岁时曾当过土地测绘员，学习过绘制勘测图，这项技巧后来经常被他用到。

接下来，约翰叔叔又给我看了一只刻满地图的牛角。你可能觉得奇怪，为什么要把地图刻在牛角上呢？

火药角地图

原来，在 18 世纪，大部分美国军人用的都还是火药枪，这些牛角就是用来储存火药的。当时印刷出版的纸本地图还很稀少，有些军官为了方便，就把地图刻在他们随身携带的火药角上。例如照片上的这只牛角，刻着从纽约城到美国北部五大湖区的许多地点。像这样奇特的火药角地图，国会图书馆一共收藏有八只之多呢！

“地理与地图部”的宝贝真是太多了，与东方有关的珍贵地图馆藏，只好留待下次再讲了。

第十章

# 地图的殿堂（下）

上次我们一起逛了美国国会图书馆“地理与地图部”的阅览室，因为时间不够，仅看了古代和近代西方人绘制的各种地图。这次，让我们一起来看看古代东方人眼中的世界是什么样的吧！

## 馆藏最古老的中国地图

美国国会图书馆最古老的中国地图，是从一座宋代石碑上拓下来的《禹迹图》。这座古碑刻于1136年，听说原碑现在存放在西安碑林博物馆。你可能在电视上看到过“拓碑”，就是把宣纸敷在刻有文字或图画的碑上，用蘸有墨汁的扑子轻轻地拍打，突起的部分沾上墨汁变成黑色，凹陷的

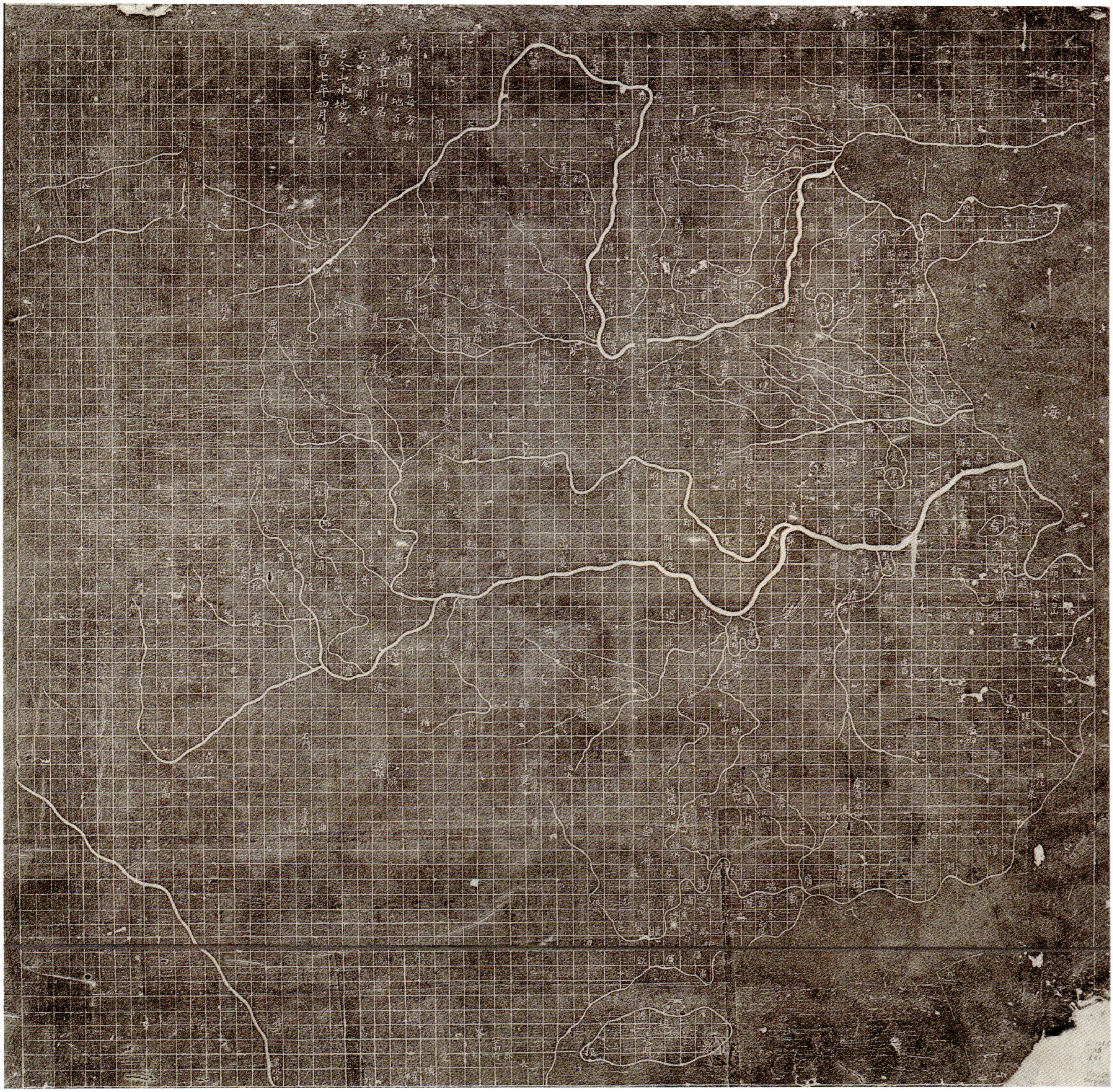


标有黄河和长江的《禹迹图》拓片

部分没有墨汁仍是白色，碑上的文图就这样复制到便于携带的纸上。我们学写毛笔字时临摹的碑帖就是这样拓下来的。

你可能会问，这幅地图为什么叫《禹迹图》呢？据说这是描绘传说中治水的大禹当王时百姓向朝廷运输贡品的交通图。

《禹迹图》三尺见方，总共分成五千多个小格子，每格代表一百平方里。这个按照里数分割的方法是中国地图学的奠基人、晋朝大臣裴秀发明的。《禹迹图》上绘有七十几条河流和七十几座山峰，上面还标有三四百个地名。

如果你把画于一千多年前的这幅地图与我们现代的地图比较一下，可以看到古图中黄河和长江的形状与现代的非常相像。由此看来，中国古人绘制地图的水平真是很高超啊！

国会图书馆还有另一幅珍贵的宋朝地图——《华夷图》，它涵盖了南宋时的中国疆土以及一些相邻的国家和地区。这幅地图东自韩国，西至帕米尔高原，北起黑龙江，南止海南岛，显示了许许多多的山川和湖泊，也密密麻麻地标注了四百多个地名。与《禹迹图》相比，这幅《华夷图》与我们今日的地图就更加接近了。

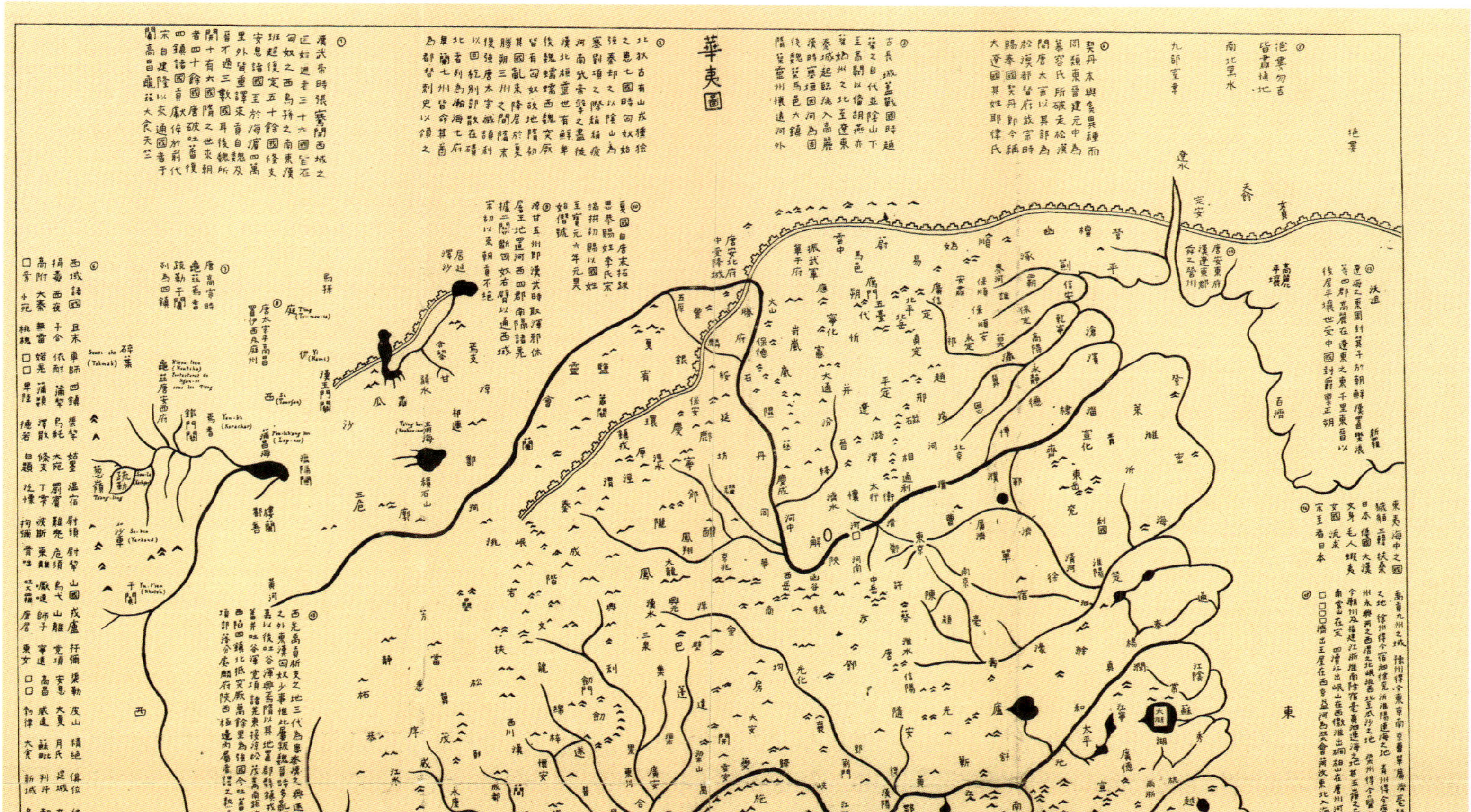
華夷圖
CARTE A
Carte de la Chine et des Pays Etrangers, [about 1137 A.D]
original, engraved on stone, in Musee Epigraphique de Si-ngan-fou, China.
Division of Maps
MAY 22 1933
Library of Congress

《华夷图》

## 不求形似的古老地图

然而，其他亚洲国家的古老地图就不一定这样准确了。例如国会图书馆藏有一部朝鲜人在 1760 年绘制的地图集，其中一幅《天下图》与我们今天知道的世界可是相差了十万八千里！

这幅地图中除了朝鲜和日本的位置还差得不太多，中国的地形画得完全不到位。而且，图上还画满了“君子国”“淑女国”“人长三十五尺”的“大人国”这样一些只有神话里才有的国家！

其实，中国也有这样不求形似的古老地图。我去参观时，

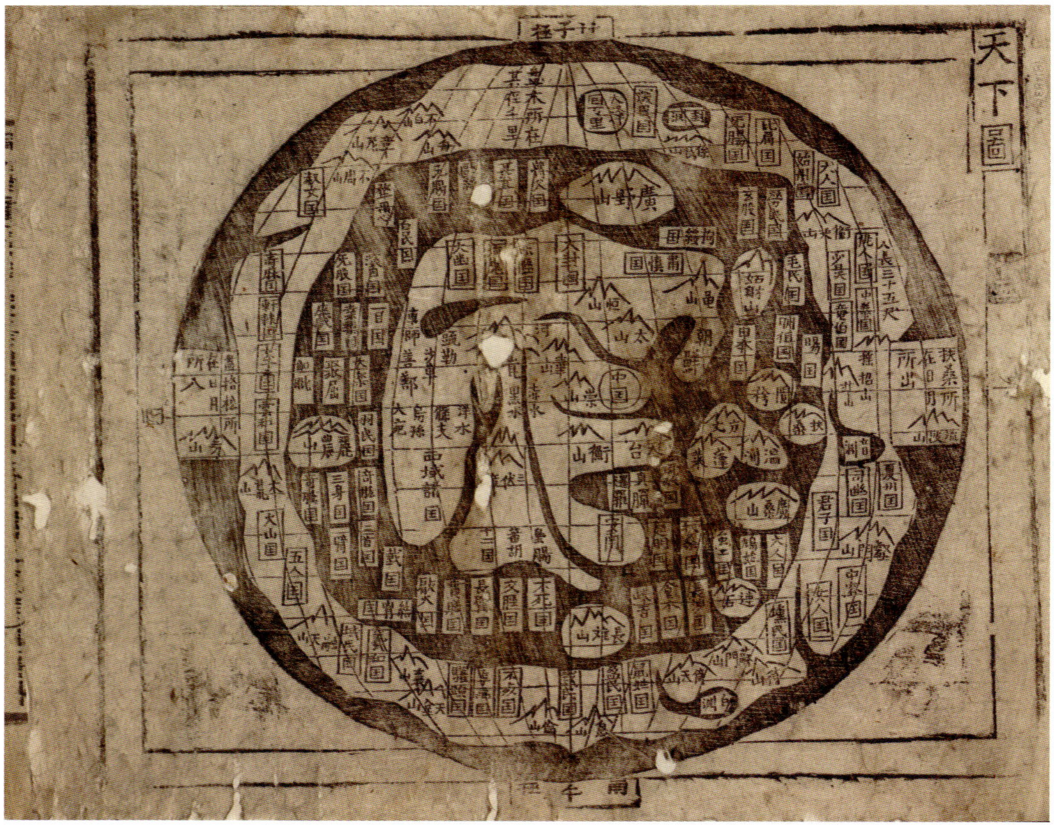


古代朝鲜人绘制的《天下图》

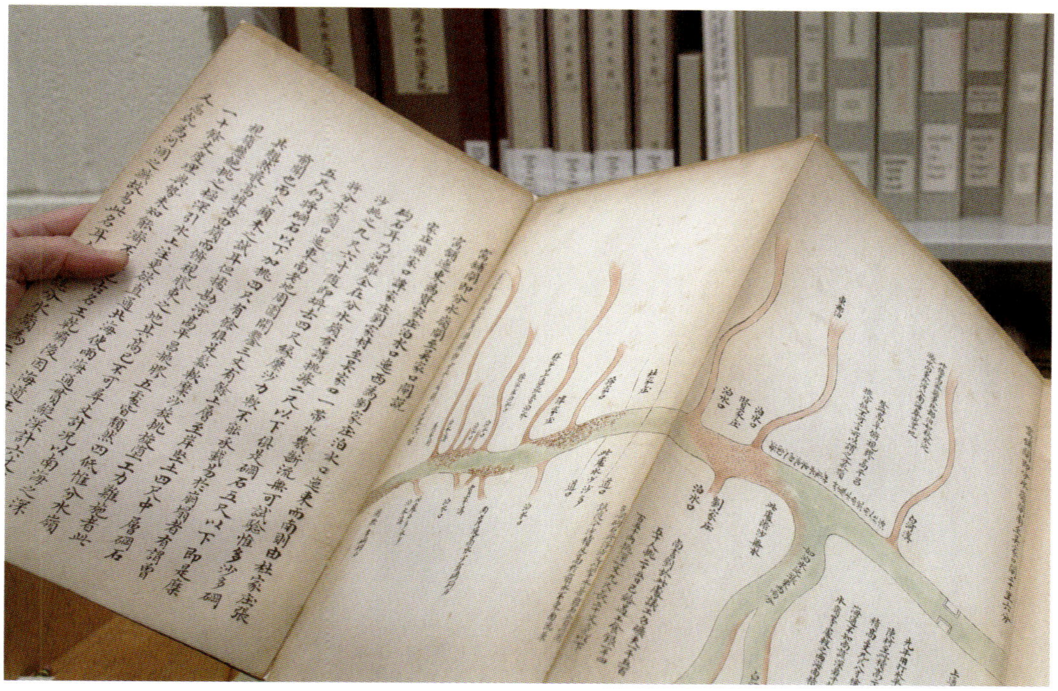

《胶莱河辩议图说汇辑》

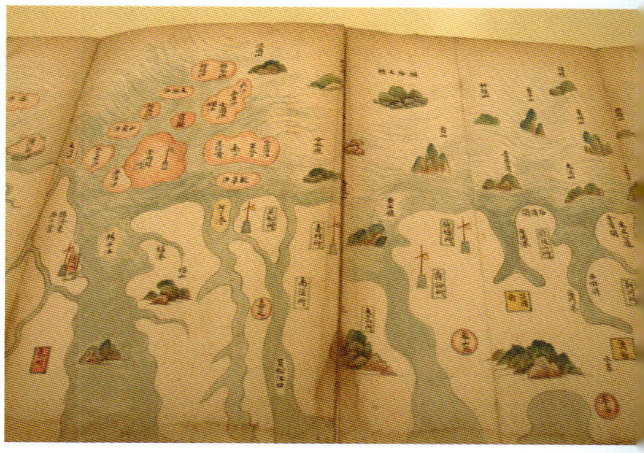

万里海防图（局部）

图书馆员叔叔特地为我展开一本可以像手风琴风箱一样拉开的地图集。地图集的前半部是清朝人仿照明朝地图绘制的《万里海防图》。

长长的《万里海防图》由19页组成，从海南岛到广东，再沿着东部的海岸线一直画到辽东半岛。不过，你如果仔细看看，一定会觉得这和我们今天所知道的中国海岸线完全不一样。那是因为这是一张军事防守图，如果把漫长崎岖的海岸线全部按照实际比例画出来，那就不知道要画上几百页了！因此这张图上仅将有重要海防据点的地方标识出来。

地图集的后半部是清人根据明朝人的《胶莱河辩议图说汇辑》绘制的。与《万里海防图》相似，这幅地图与山东的地理实况也不相符，除了胶莱河的主干和支流，重点在于记录桥梁与闸口的分布。

# 犹如艺术品的地图

与这些地图类似的还有绘制于清朝雍正年间（1735 年）的地图册页《四川、湖北水道图》。这幅地图自四川松潘的岷江源头而起，沿长江而下，经成都、重庆、三峡一直绘到湖北荆州。

这幅地图用山水画法描绘了沿江险峻的地理、巍峨的城池和绮丽的风光。其中还有不少我们耳熟能详的名胜呢！例如李白诗句“朝辞白帝彩云间”中描绘的白帝城，经常能在电视上看到的三峡之一西陵峡，等等。

图上还抄录了文人的诗文及对于古迹的说明，例如描绘成都这一段的图页上就标明了唐代诗圣杜甫居住过的草堂、西汉文学家司马相如的故居，甚至还注明了司马相如当年题字励志的升仙桥等。这样的地图就不仅是对地理地貌的普通记录，而且是一幅富有历史文学内涵的艺术作品了！

国会图书馆中国地图藏品中最精美的一幅，是画在扇面上的《大清一统廿三省舆地全图》。扇子正面画着当时二十三个省份的全国疆土，背面则列着各省府的重要县市地名。

馆藏中也有一些与我们今天旅游时用的导览图相似的地图：例如 1938 年出版的北京市最新详细全图，明十三陵图，热河行宫图，以及颐和园全景图，等等。

《四川、湖北水道图》一书中三峡段

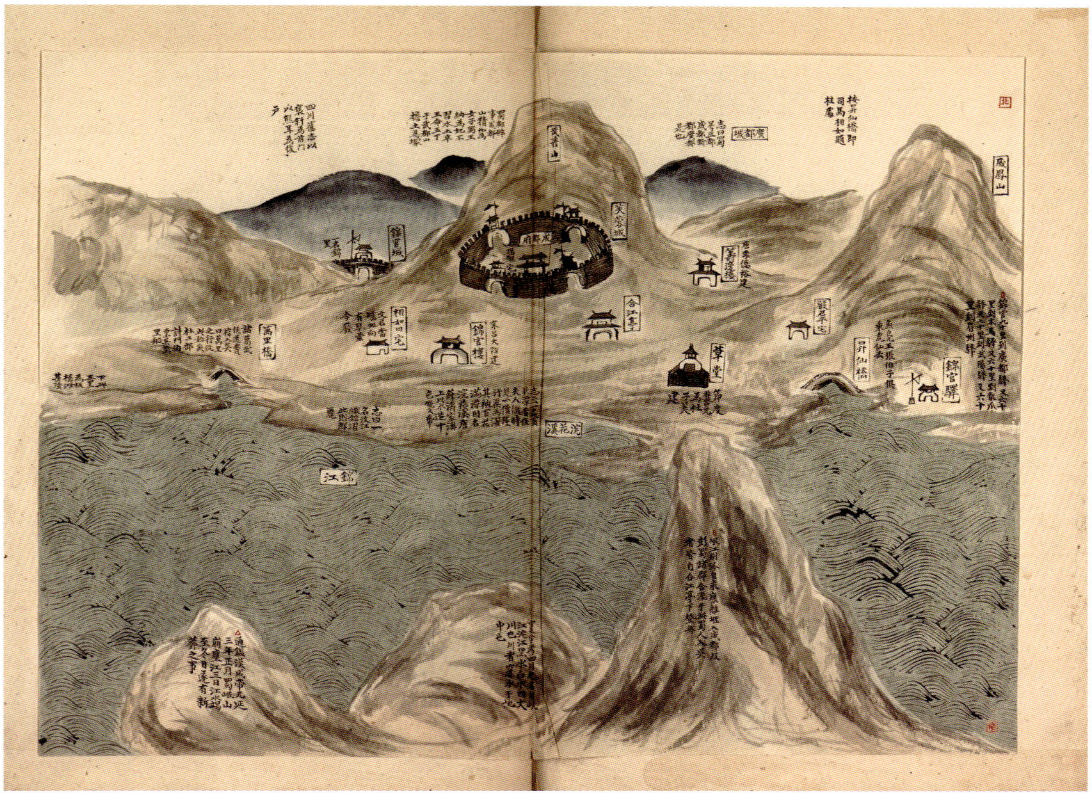

《四川、湖北水道图》一书中成都段

绘有清朝地图的扇子的两面

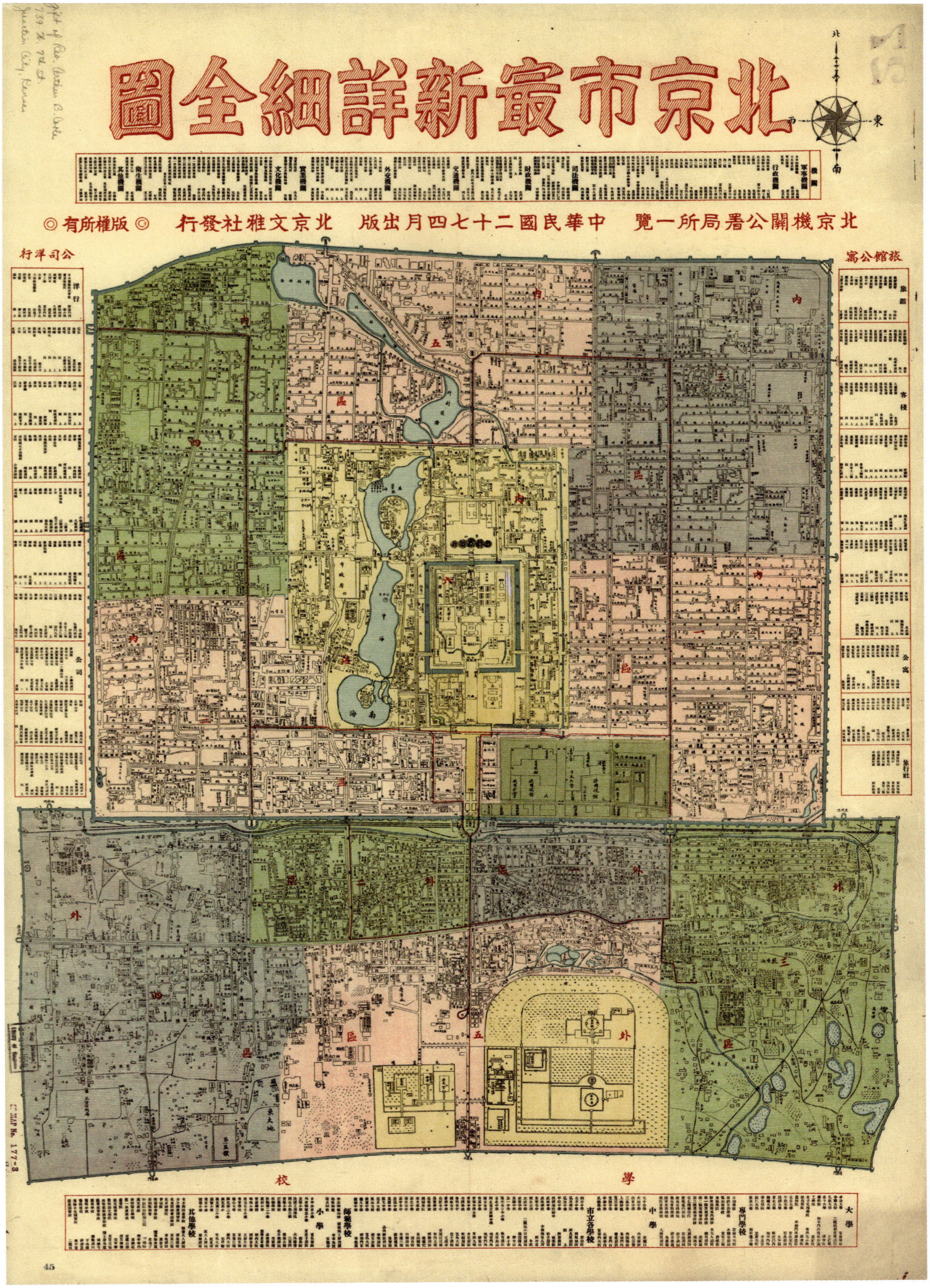
北京市最新詳細全圖
北京機關公署局所一覽
中華民國二十七年四月出版
北京文雅社發行
◎版權所有◎
洋行公司
旅館公寓
學校

1938 年的北京地图

## 做工精巧的地球仪

看罢中国古地图，我想起在文献上读到过“地理与地图部”还藏有五百多个地球仪。听我问起地球仪，约翰叔叔眼睛一亮，马上从柜子里拿出一个做工精巧的环形地球仪给我看。他自豪地说，这可是国会图书馆收藏中最古老罕见的地球仪呢！

这个黄铜制作的地球仪是德国数学家、地理学家卡斯帕·沃佩在 1543 年制造的。中心是一只小小的地球，周围有十一个套环，分别代表太阳、月亮和其他行星围绕地球运行的轨道。因为 1543 年波兰天文学家哥白尼刚刚提出的“日

环形地球仪在英文里叫作 Armillary Sphere，armilla 是拉丁文“圆环”的意思。

德国人制作的环形地球仪（1543 年）

中国明朝人制作的仿古浑天仪（1436—1449）

心说”还没有被接受，人们仍相信“地心说”，以为太阳和其他行星都是绕着地球运转的。

这个错误的“地心说”早在公元前6世纪时就被古希腊人提出来了，是我们在第九章里介绍过的古希腊科学家托勒密在公元2世纪时把它完善的。可以谅解的是古代人观察星相完全靠肉眼，托勒密当时观察的现象与“地心说”基本吻合。一直到哥白尼提出“日心说”半个多世纪以后，意大利物理学家伽利略用自制的天文望远镜才发现了一些可以支持“日心说”的天文学证据。

话说远了，让我们回到地球仪上来。球形的地球仪比平面的地图能够更加准确地标识地理位置及它们之间的距离。西方人一直认为地球仪是古希腊人在公元前150年时发明的。不过据中国科技史专家李约瑟的考证，我们中国古人早在公元前4世纪就造出了原始的环形球仪，而东汉科学家张衡还发明了可用水驱动的精致地球仪——浑天仪呢！

## 地理研究为全球服务

舆图，就是地图的意思。

看完地球仪，约翰叔叔要去开会了。临走前，他递给我一部又厚又重、印刷精美的大书，《皇舆搜览——美国国会图书馆所藏明清舆图》。

我急不可待地把书捧到阅览室，坐下来翻看。从这本四百多页的书中我了解到，在美国国会图书馆收藏的五百多万份地图资料里，与中国有关的就有十五万份之多，其中明代（1368—1644 年）和清代（1644—1911 年）制作的珍贵古老地图有四百七十多幅！国会图书馆在 2004 年开始与台北故宫的林天人博士合作，从这些古老地图中挑选出 175 幅做了细致研究，并用中英文双语在这部大书里对每幅地图作了详尽描述和注释。

在约翰叔叔与我握别时，我向他提出最后一个问题：我们中国的小读者不大容易来这里看书，这些精美地图他们能有办法看到吗？他笑笑说：我的同事们正在积极地将馆藏资料用数字化形式提供给无法前来的读者。目前“地理与地图部”网页上已列有四十多万条的资料目录，其中四万多幅地图已做了扫描数字化，而且网页上地图的数量还在以每年几千幅的速度增长……

望着约翰叔叔大步流星而去的背影，再看看手里这部精美的地图集，我心中感慨万千。美国国会图书馆这所知识殿堂不仅收集储藏了这样多的图书资料，还请了众多像约翰叔叔和林博士这样的学者对馆藏做深入研究，还有大量工作人员每日在幕后默默地做着收集、整理、编目、扫描、传输上网的工作，将宝贵馆藏与全世界研究者和大众一起分享。

作为读者的我们可真是有福气啊！

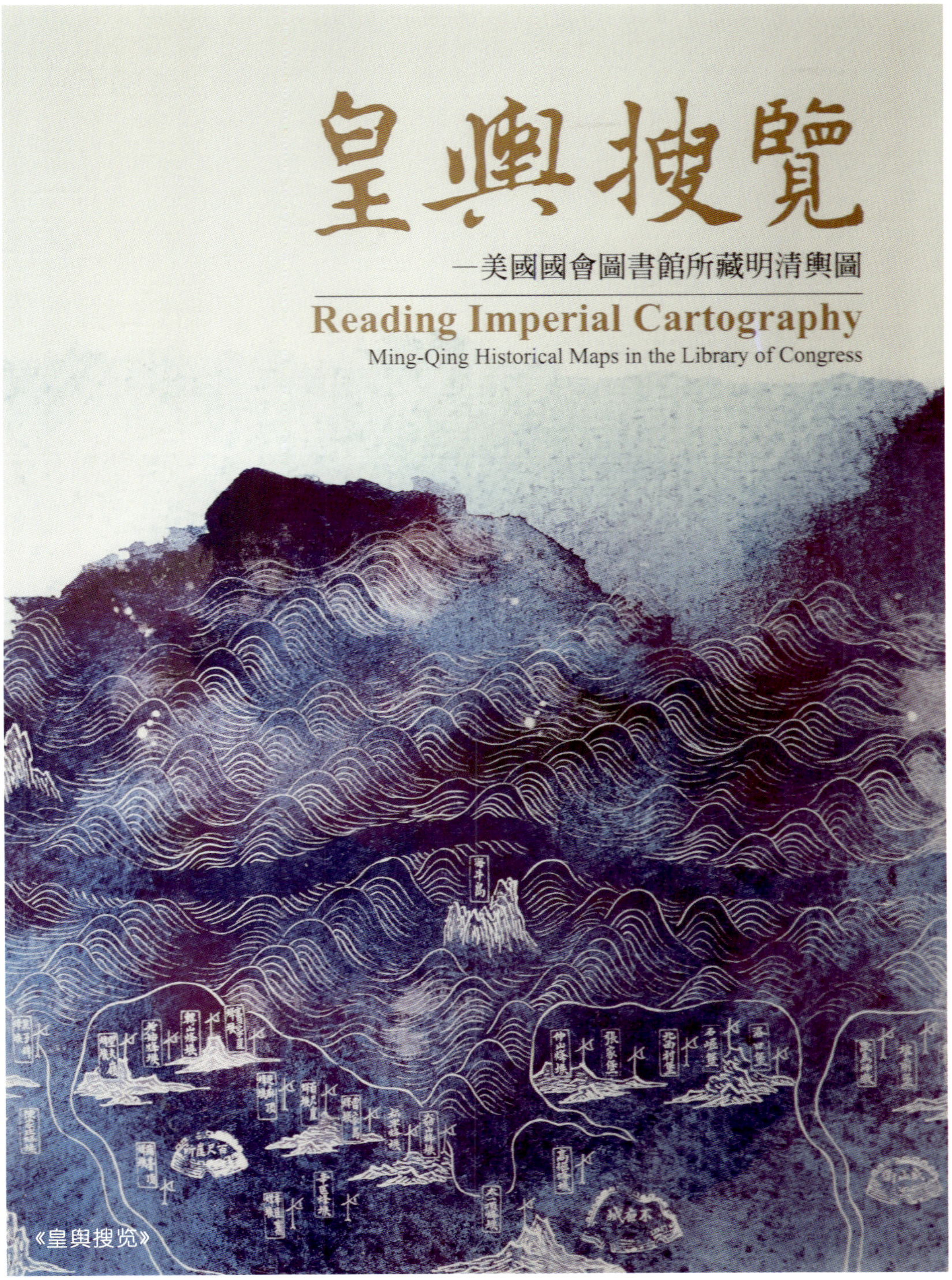

《皇舆搜览》

第十一章

# 爱书孩子的乐园

前几章中，我们分别介绍了美国国会图书馆的几间专门阅览室。这次让我们一起来访问专为少年和儿童读者设立的“小读者中心”吧！

通向“小读者中心”的走廊

## 小读者的专属天地

“小读者中心”设在“杰斐逊大楼”一楼的东北角。到中心去，也要经过一条装潢漂亮的走廊。中心门前，有一个漂亮的“门神”——举着一本大书的“小书迷”。门旁则有一幅精美的图画，画上有本翻开的大书，从中跃出许多小读者熟悉的故事人物，上面写着一行大字——“打开手中书，探索新世界”。这也正是“小读者中心”的宗旨。

美国国会图书馆深知若想培养孩子们的阅读习惯，必须从幼年做起。因此，“小读者中心”的服务范围很广，从不到一岁的娃娃到十六岁的高中生，统统都是中心的服务对象。

选书指南

在这里做义工的一位托儿所阿姨，听说我对中心为小娃娃准备的童书有兴趣，便搬来整整一箱让我大饱眼福。这些书页数不多，小巧玲珑，娃娃们可以轻易地用小手翻看。书上没有字，但画有鲜艳夺目的彩图，很容易吸引娃娃的注意力。而且，这些书籍都是用厚纸板制作的，边角也特意裁切成弧形，既不容易被撕坏，书页也不会划伤手指。看了这些书，真令人赞叹，这些做书人为幼儿读者想得多么周到！

“门神”——小书迷

## 针对读者需要的贴心服务

与国会图书馆的其他阅览室不同，“小读者中心”的书籍全部开架。中心的三个大房间，四壁都是书架，架上琳琅满目的图书，按照读者的年龄区段整齐地排列着，一共有六千多本呢！

书籍的内容更是包罗万象：科学、艺术、体育、神话、诗歌、小说、图画书和童话故事等应有尽有，小读者们可以根据各人兴趣随意挑选。

“小读者中心”入口处的海报，上面写着“打开手中书，探索新世界”

中文版的少儿读物

架子上的书籍除了英语，还有许多其他语种，中文当然也包含在其中，例如我们都熟悉的“灰姑娘”的故事。

靠墙书架上摆着一排不同封面的《哈利·波特》，我好奇地走近去细看，原来是这部畅销系列小说不同语言的版本。其中我可以认出来的，除了英文，还有希伯来语和阿拉伯语

国会图书馆专门为有视力障碍的读者设立了一个服务中心。

小读者在琳琅满目的书架上自己选书

不同语种的《哈利 · 波特》

威尔士文版（左）与盲文版（右）的《哈利 · 波特》

版本。然而在威尔士语版本旁边的一本十分奇特，上面看不到任何文字，却布满了一个个突起的小圆点！

看到我疑惑的样子，一位年轻的图书馆员走过来，向我做解释。原来这是专门给失明小读者阅读的盲文版《哈利·波特》。这使我想起以前读到过，国会图书馆专门为有视力障碍的读者设立了一个服务中心，总共有二十多万本盲文书和有声书免费提供给全美国八十多万这类读者呢！

为失明小读者与家长共读设计的童书

了解到我对这一服务有兴趣，这位馆员将我领到另一间阅览室。她先给我看了几本有趣的童书，上面除了文字和图画，也印有不少突起的小圆点。她说这些书是特地为失明小朋友与家长一起读书设计的。有了这样的书，盲人小读者就可以一边听家长或老师讲故事，一边学习盲文了。接着，她又拿出一个特殊的播放机和一大盒录音，原来这是一套为盲人读者准备的《哈利·波特》有声书。

看到这里，我不禁想，国会图书馆为读者提供的服务真是太贴心了！

为盲人读者准备的有声书

舒适的阅读环境

随意阅读

## 轻松的阅读氛围

在我们先前访问过的成人阅览室里，读者都在书桌前面正襟危坐，或是读书，或是查资料，或是做笔记。阅览室里也都非常安静，即使讨论问题，亦不能大声讲话。然而，在“小读者中心”里，读书的方式可以很随意。

阅览室里四处摆放着舒适的沙发和沙袋，也有灵巧的小桌和小凳。只见一些少年读者半倚半躺地在沙袋上读书，也有些孩子捧着书缠着家长讲故事，还有些更年幼的索性趴在地毯上翻书。

为向少儿读者推荐优秀图书，从小培养孩子们爱读书的习惯，“小读者中心”采取了各种各样的措施。

其中一项是向小读者介绍杰斐逊总统正是因为从小就爱书读书，后来才能用自己的丰富藏书为国会图书馆奠基的故事，鼓励孩子们在家里建立自己的小小图书馆。

“小读者中心”还设计发放了不少与培养阅读习惯有关的小册子，其中有协助老师指导学生的选书指南，也有帮助家长设立家庭图书馆的推荐书单。

在设计这些小册子时，中心图书馆员的考量非常周到，将小读者分为 0—3 岁、4—7 岁、8—10 岁、11—13 岁等不同的年龄区段，针对孩子们各自的读书兴趣、阅读能力和理解能力，分别提出细致入微的建议。

亲子共读

学习杰斐逊总统，建立自己的小图书馆

选书指南

小图书馆设计指导

## 活泼有趣的活动

与书中角色做游戏

涂颜色

“小读者中心”不仅藏书丰富，还经常举办各种生动有趣的活动。年幼读者到中心来，可以在阅览室的小舞台上与各种童书中的角色玩游戏，也可以在印有童书插图的纸上涂颜色。

中心还经常请各行各业的叔叔阿姨们来与小读者们谈天，例如讲讲海洋里都有哪些神奇的动物啊，或是讲讲亚洲的小朋友如何过节啊。有些叔叔阿姨也会与小朋友讨论如何吃得更健康啊，如何保护我们可爱的地球啊这类话题。中心墙上贴着的一个画展，就是小读者们在参加了这些活动以后绘制的有关图画。

你也许熟悉《爱丽丝梦游仙境》这部童话。它曾被译成一百七十多种文字，深受全世界读者的喜爱。为了庆祝这部书出版一百五十年，“小读者中心”最近举办了一些更精彩的活动。

活动期间，中心的阅览室里展出了这部书的各种不同版本，还展示了许多根据书中情节制作的手工艺品。例如《王后的槌球场》一章里的纸牌人物，《疯狂的下午茶》一章里的茶杯茶碟，等等。前来参加活动的读者还可以装扮成书中人物，在访问了“小读者中心”之后，走上街头进行一次“爱丽丝梦游仙境”的化装游行呢！

小读者画展

《王后的槌球场》中的纸牌人物

“我们都是地球母亲的孩子”

海洋动物

《疯狂的下午茶》里的茶杯茶碟

## 少儿文学国家大使

自2007年起，美国国会图书馆与其他两个组织合办了一个选拔“全美青少年文学大使”的活动。这个活动每两年举办一次，主办单位会从全美国的少儿图书作者中，选出一位最富创造力、最受读者喜爱的作家，作为在全国推动少儿文学阅读活动的文化使者。2015—2016年的“大使”桂冠，落在一位在美国出生的华裔作家杨谨伦头上。

“杨大使”从小就听父母讲过不少中华文化的故事。他的父母还经常为他买书，鼓励他阅读。“杨大使”自幼喜欢画画，五年级起就开始自制漫画书，成年后他还在中学教过十几年的计算机科学。

由于这些经历，他写的书，有的是用轻松的漫画形式教小朋友学习数学与电脑，也有的是结合古代传说与现实生活，图文并茂地编织出生动有趣的故事。其中一本漫画书《美生中国人》，讲的是美猴王孙悟空帮助美国学校里的华裔学生解脱烦恼的故事。这本书不仅深受小读者们喜爱，还得了好几个文学奖项呢！

当上“大使”以后，杨老师经常到美国首都华盛顿来。除了参加国会图书馆举办的图书节外，他也会到“小读者中心”来，与喜欢读书写作的小读者们见面交流。他所写的那些好看的书，则放在中心的专门书柜里，供来访的小读者阅读。

杨大使在任职期间也到美国各地旅行，与那里的小读者互动，鼓励他们突破“文化樊篱”，扩大阅读领域，从小就多读、多想、多写、多创造。

访问了美国国会图书馆的“小读者中心”这个爱书孩子的乐园，你是不是也想建立一个自己的小小图书馆，扩大阅读并与朋友们分享交换更多的好书呢？

听了“杨大使”的故事，你是不是也想如同他一样，从阅读过的书里汲取养分和灵感，开始创作自己的故事呢？

如果你有这些愿望，可要从现在就赶快开始呀！

杨谨伦的漫画书《美生中国人》（中文版）

第十二章

# 数字时代的知识殿堂

在前面的 11 章里，我们介绍了美国国会图书馆的方方面面，其中 1—4 章主要描述了馆藏、历史、建筑与艺术，5—11 章则分别讲述了形形色色的阅览室。在这最后一章中，就让我们来看看在数字时代里，美国国会图书馆这座知识殿堂是怎样为全球广大读者服务的吧！

## 馆藏数字化的先驱

美国国会图书馆是世界上最先将馆藏数字化的图书馆之一。早在 20 世纪 80 年代，国会图书馆就开始向美国其他图书馆及社会进行调查，了解读者对数字化资料的需求。

接下来，国会图书馆又将已数字化的资料发给一些试点学校试用，征求校方的意见。结果发现数字化资料在中学特别受欢迎，因为老师可以用这些资料做补充教材，拓宽学生眼界，启发学生思考，使课堂上的学习和讨论更加生动活泼。

## 数字化的珍稀童书

你或许记得，我们曾在第一章里介绍过，美国国会图书馆有一亿六千多万件收藏品，藏品种类也多姿多态。不光有书籍和文件、图画和照片，还有音乐和影视等各种多元化的资料。

你大概可以想象，要把这么多藏品数字化，将是一件非常费时费钱的浩大工程。值得庆贺的是，经过多年的努力，目前美国国会图书馆的网站上已有六千多万份电子文件上线了！

然而，以一本书平均有一百页来计算，这个数量距离全部藏品数字化，还差得很远。因此，国会图书馆尽量选取最重要的藏品——像绝版的书籍、古老的地图，或只有独一份的手写文献这样的资料，优先进行数字化。

例如在五十多万种少儿读物中，早年出版的珍稀童书就是第一批被数字化的藏品。

其中，有几百年前用象牙做的儿童识字板。如今我们认

数百年前用象牙做的儿童识字板

《娃娃的伊索寓言》

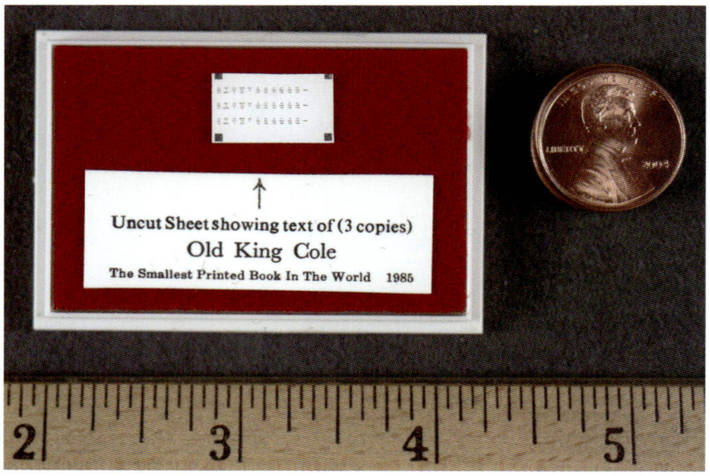


世界上最小的书之一

识到，为获取象牙而杀伤大象是一件极不道德的事，今天当然不会再用象牙做书了，但几百年前的人们还没有保护动物的概念。

在这些珍稀书中也有出版于 19 世纪的图文并茂的《娃娃的伊索寓言》。更稀奇的是一本比硬币还小的书。据说这可是全世界最小的书之一呢！

## 有趣的少儿读者专页

作诗竞赛的书中角色——霓虹

美国国会图书馆历来重视教育，因此图书馆网站上有许多与教育相关的内容。例如，在网站的首页上，就有近年推出的“少儿作诗竞赛”——一个很有挑战性的竞赛。

国会图书馆每年会从全美国的优秀诗人中选出一位“桂冠诗人”，而这个“少儿作诗竞赛”就是由2015—2016年桂冠诗人胡安·费利佩·埃雷拉发起的。他与一位女画家朱娜·麦地那合作了一本可让读者在网页上随意点阅的诗集（http://read.gov/catalinaneon/）。

有趣的是，诗集只写了第一章，讲述一位喜欢作诗的小姑娘霓虹的故事。至于下面章节里的情节和故事，就要请参赛的小读者发挥想象力续写，用自己的诗歌来把这个故事写完。

美国国会图书馆的网站上还有专门为儿童读者设立的网页，上面列举了适合儿童阅读的推荐书单（http://www.read.gov/kids/）。而这个网页上为读者加油的，正是前面第十一章中介绍过的“全美青少年文学大使”华裔作家杨谨伦。

令人高兴的是，这位“杨大使”最近又获得了专门颁给有特殊创造力的作家、艺术家和科学家的“麦克阿瑟天才奖”。杨大使积极推广“无障碍阅读挑战”的理念，特别鼓

作文竞赛参赛者投稿信封

励年轻读者向过去不熟悉或比较难懂的阅读主题挑战。

国会图书馆的网站上还有专为少年读者设立的网页（http://www.read.gov/teens/），上面介绍了适合少年读者的书单，其中还有专门推荐给亚裔读者的好书，其中之一就是“杨大使”画的漫画书。

美国国会图书馆为儿童和少年读者设立的网页上，也向大家介绍了一项有意思的阅读写作竞赛——“给作者写封信”。这项竞赛要求参赛者先挑选一本书阅读，然后给该书的作者写一封信，谈谈这本书对自己的影响。

每年，全美国有几万名中小学生参加这个竞赛，获奖人中有不少是亚裔，例如 2016 年的一位获奖者是 12 岁的华裔女生黄汉娜。她阅读的是《我永远会回信》这本书，讲的是一个美国女孩与一个非洲男孩经由通信，在人生道路上互相帮助的真实故事。在给两位作者的信中，汉娜说阅读这本书，改变了她对人生的态度。在此书的鼓励下，她开始做义工，并且从中体会到，作为一名普通的中学生，也可以尽自己的一份力量，使世界变得更美好。

## 少儿作诗竞赛网页

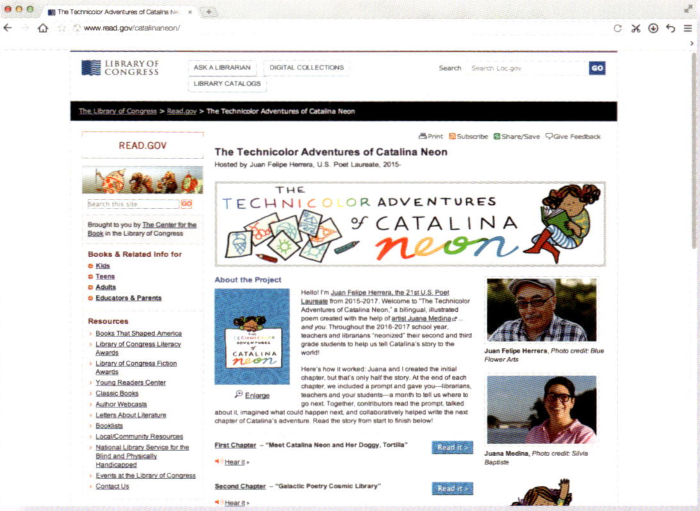


埃雷拉（Herrera）与女画家朱娜·麦地那（Juana Medina）合作了一本可让读者在网页上随意点阅的诗集，诗集只写了第一章，讲述一位小姑娘喜欢作诗的故事。

至于下面章节的情节，就要请参赛的小读者们发挥想象力，用自己的诗作续写，把这个故事接续下去。

http://www.read.gov/catalinaneon/

## 美国国会图书馆儿童专页

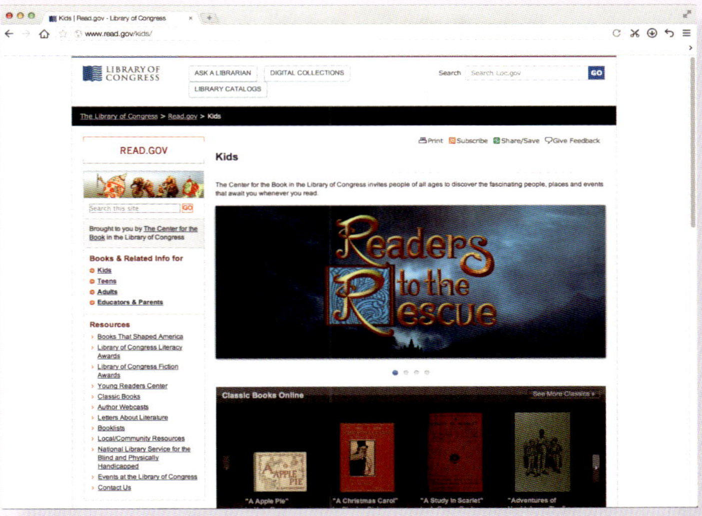


美国国会图书馆网站还有专为儿童读者设立的网页，上面列举了适合儿童阅读的推荐书单。而这个网页上为读者加油的，正是先前介绍过的“全美青少年文学大使”华裔作家杨谨伦。

http://www.read.gov/kids/

## 美国国会图书馆少年专页

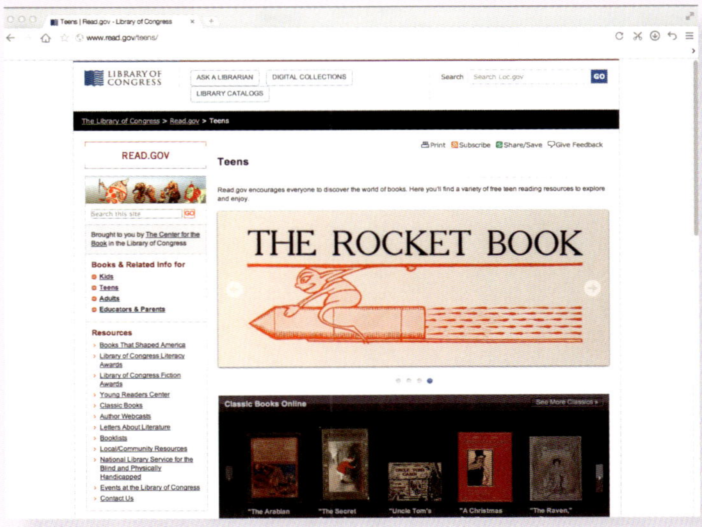


国会图书馆网站上当然也有专为少年读者设立的网页，介绍了适合少年读者的书单，还有专门推荐给亚裔读者的好书，其中之一就是“杨大使”的漫画书。

www.read.gov/teens/

## 小读者自行选书

你可能会问，国会图书馆的少儿推荐书单是怎样选出来的呢？有些是由专管少儿图书的馆员从他们阅读的大量图书中挑选出来的。而前一章里介绍过的“小读者中心”则采取了一个更好的办法：让小读者自己选书！

很多少儿读物出版社每年都会向国会图书馆提供一批新书的样书。所谓样书就是在图书正式出版前刊印出来，为作者和编辑校对用的样本。于是“小读者中心”成立了一个由少年读者组成的选书委员会，成员包括数十名爱读书的优秀学生，是由华盛顿地区几所中学选派出来的。选书委员会的成员分工阅读样书，各自写出书评，并开会讨论，选出其中他们认为最好看的书籍，由“小读者中心”向广大读者推荐。

少儿出版社提供的样书

# 穿越时空网游美国国会图书馆

亲爱的读者，读完了我向各位介绍美国国会图书馆的这十二个篇章，你可能会说："美国国会图书馆这座知识殿堂听上去真酷，我好想来亲眼看看哟！可是华盛顿那么远，我现在还来不了，该怎么办呢？"

别急，在今天的数字时代，你可以穿越时空来参观呀！咱们网上见！

三座建筑

中央大厅

主阅览室

珍稀少儿图书

数字化图书资料

# 附录一 重要名称中英文对照及简要说明

**（以在书中出现先后为序）**

## 前言

| | |
|---|---|
| 美国 | United States of America( 简称 U.S.A.) |
| 国会图书馆 | Library of Congress |
| 华盛顿特区（美国首都，国会图书馆所在地） | Washington D.C. (District of Columbia 简称 D.C.) |

## 第一章

| | |
|---|---|
| 知识 | Knowledge |
| 殿堂 | Temple |
| 文艺复兴 | Renaissance |
| 杰斐逊大楼 | Jefferson Building |
| 亚当斯大楼 | Adams Building |
| 麦迪逊大楼 | Madison Building |
| 国会大厦 | Capitol Hill |
| 国会 | Congress |
| 国会议员 | Congressman |
| 马里兰州 | State of Maryland |
| 弗吉尼亚州 | State of Virginia |
| 宪法 | Constitution |
| 版权法 | Copyright Law |
| 苏美尔（古代两河流域文化，人类最早文明之一） | Sumer |
| 楔形文字（世界上最古老的文字之一） | Cuneiform script |

## 第二章

| | |
|---|---|
| 约翰·亚当斯（美国第 2 任总统） | John Adams |
| 托马斯·杰斐逊（美国第 3 任总统） | Thomas Jefferson |
| 詹姆斯·麦迪逊（美国第 4 任总统） | James Madison |
| 独立宣言 | Declaration of Independence |
| 权利法案 | Bill of Rights |
| 乔治·华盛顿（美国第 1 任总统） | George Washington |
| 波士顿（美国东北部重要城市，哈佛大学所在地） | Boston |
| 费城（美国东部重要城市，美国建国初期的首都） | Philadelphia |
| 弗兰西斯·培根（16—17 世纪英国哲学家） | Francis Bacon |

## 第三章

| | |
|---|---|
| 新罕布什尔州 | State of New Hampshire |
| 欧洲 | Europe |
| 意大利（南欧国家） | Italy |
| 非洲 | Africa |
| 突尼斯（北非国家） | Tunisia |
| 古希腊 | Ancient Greece |
| 古罗马 | Ancient Rome |
| 特莱维喷泉（17 世纪意大利艺术家贝尼尼设计的喷泉） | Trevi Fountain |
| 波塞冬 （希腊神话中的海神） | Poseidon |
| 特里同 （海神波塞冬之子） | Triton |
| 科林斯柱式（古希腊建筑三种柱式之一） | Corinthian Column |
| 但丁·阿利吉耶里（13—14 世纪意大利诗人） | Dante Alighieri |
| 约翰·沃尔夫冈·冯·歌德 （18—19 世纪德国作家） | Johann Wolfgang von Goethe |
| 本杰明·富兰克林（18 世纪美国政治家、发明家） | Benjamin Franklin |
| 拱心石（建筑术语） | Keystone |
| 马克·吐温 （19—20 世纪美国作家） | Mark Twain |
| 摩西（公元前 12 世纪犹太人领袖，犹太教先知） | Moses |

## 第四章

| | |
|---|---|
| 托马斯·爱迪生 (19—20 世纪美国发明家） | Thomas Edison |
| 密涅瓦女神（罗马神话中的智慧与和平女神） | Minerva |
| 庞贝（被火山灰掩埋的古罗马城市） | Pompeii |
| 维苏威火山（意大利境内的活火山） | Vesuvius volcano |
| 荷马（古希腊游吟诗人） | Homer |
| 威廉·莎士比亚（16 世纪英国戏剧家、诗人） | William Shakespeare |
| 维克多·雨果（19 世纪法国作家） | Victor Hugo |
| 阿尔弗雷德·丁尼生（19 世纪英国诗人） | Alfred Tennyson |

## 第五章

| | |
|---|---|
| 国会议员阅览室（美国国会图书馆阅览室之一） | Congressional Reading Room |
| 开罗（埃及首都） | Cairo |
| 金字塔（建于四千多年前的古埃及国王［法老］的陵墓） | Pyramid |
| 雅典（希腊首都） | Athens |
| 帕特农神庙（建于公元前 5 世纪的古希腊神庙） | Parthenon |
| 罗马（意大利首都） | Rome |
| 斗兽场（古罗马举行人与兽角斗表演的圆形竞技场） | Colosseum |
| 埃及（北非国家） | Egypt |
| 希腊（南欧国家） | Greece |

| | |
|---|---|
| 地球仪（用来表示地球的球体模型） | Globe |
| 神话（古代先民创作的以神作人物的故事） | Mythology |
| 传说（口耳相传的历史故事） | Legend |
| 橡树 | Oak |
| 月桂 | Laurel |
| 棕榈 | Palm |
| 主阅览室（美国国会图书馆阅览室之一） | Main Reading Room |
| 米开朗琪罗（15 世纪文艺复兴时期意大利艺术家） | Michelangelo |
| 路德维希·范·贝多芬（18—19 世纪德国作曲家） | Ludwig van Beethoven |
| 罗伯特·富尔顿（18—19 世纪美国工程师） | Robert Fulton |
| 艾萨克·牛顿（17—18 世纪英国物理学家） | Isaac Newton |
| 约瑟夫·亨利（19 世纪美国物理学家） | Joseph Henry |

## 第六章

| | |
|---|---|
| 亚洲阅览室（美国国会图书馆阅览室之一） | Asian Reading Room |
| 科技阅览室（美国国会图书馆阅览室之一） | Science and Technology Reading Room |
| 儿童文学中心（美国国会图书馆阅览室之一） | Children Literature Center |
| 小读者中心（美国国会图书馆阅览室之一） | Young Readers Center |

## 第七章

| | |
|---|---|
| 凯莱布·顾盛（19 世纪美国政治家、外交家） | Caleb Cushing |
| 威廉·柔克义（19—20 世纪美国汉学家、外交家） | William Rockhill |

## 第八章

| | |
|---|---|
| 装饰风艺术风格 | Art Deco style |
| 现代主义风格 | Modernist style |
| 尼古拉·哥白尼（15—16 世纪波兰天文学家） | Nicolas Copernicus |
| 亚历山大·格拉汉姆·贝尔（19—20 世纪加拿大发明家） | Alexander Graham Bell |
| 莱特兄弟（19—20 世纪美国发明家） | Wilbur and Orville Wright |

## 第九章

| | |
|---|---|
| 克劳狄乌斯·托勒密（1—2 世纪古希腊科学家、作家） | Claudius Ptolemy |
| 经线 | Meridians |
| 纬线 | Parallels |
| 经纬度坐标 | Geographic coordinate system |
| 亚洲 | Asia |
| 大西洋 | Atlantic Ocean |
| 太平洋 | Pacific Ocean |
| 克里斯托弗·哥伦布（15—16 世纪意大利探险家） | Christopher Columbus |
| 亚美利哥·维斯普奇（15—16 世纪意大利探险家） | Amerigo Vespucci |
| 亚美利加（美洲） | America |
| 西印度群岛（位于中美洲加勒比海的群岛） | West Indies |
| 美洲印第安人（生活在美洲的原住民） | American Indians |
| 马丁·瓦尔德泽米勒（15—16 世纪地图学家） | Martin Waldseemüller |
| 玛雅（中美洲古代文明） | Maya |
| 阿兹特克（中美洲古代文明） | Aztec |
| 印加（南美洲古代文明） | Inca |
| 墨西哥（中美洲国家） | Mexico |
| 特诺奇蒂特兰城（阿兹特克帝国首都） | Tenōchtitlan |
| 秘鲁（南美洲国家） | Peru |
| 库斯科（印加帝国首都） | Cuzco |
| 约道库斯·洪第乌斯（16—17 世纪荷兰地理学家） | Jodocus Hondius |

## 第十章

| | |
|---|---|
| 环形地球仪 | Armillary sphere |
| 卡斯帕·沃佩（16 世纪德国数学家、地图学家） | Caspar Vopell |
| 日心说 | Heliocentrism |
| 地心说 | Geocentrism |
| 伽利略（16—17 世纪意大利科学家） | Galileo Galilei |
| 李约瑟（20 世纪英国科学史家，中国科技史专家） | Joseph Needham |

## 第十一章

| | |
|---|---|
| 《哈利·波特》（书名） | Harry Potter |
| 《爱丽丝梦游仙境》（书名） | Alice in Wonderland |

## 第十二章

| | |
|---|---|
| 桂冠诗人 | Poet Laureate |

## 附录二 图片说明与致谢

本书大部分图片为作者刘嫄拍摄。由于美国国会图书馆有些部门为保护珍稀图书和读者隐私禁止拍照，有些图片来自其他来源。

第一章第 4—7 页全部图片；第二章第 16 页《杰斐逊的书房》；第三章第 31 页《美轮美奂的中央大厅》；第四章第 35 页图，第 40 页《四季女郎画像》《金色尖角下是印刷作坊的商标》；第五章第 43—49 页全部图片；第八章第 71 页《阅览室墙壁上的杰斐逊画像》，均为美国著名摄影家 Carol Highsmith 女士所拍摄。她将其所拍摄的十万多张照片无偿捐赠给美国国会图书馆，建立了一个罕见的独家图片资料库。

扉页背面的作者照片，第四章第 34 页《前厅里仍在展示的"爱迪生灯泡"》，第 37 页《中央大厅的每寸墙面上都覆盖着绚丽的壁画》，此三图为 Dennis Glanzman 所拍摄。

第一章第 13 页《距今四千多年前苏美尔人写的楔形文字泥板》；第七章第 60 页《世界罕见的〈永乐大典〉抄本》，第 61 页图；第九章第 83 页《第一次标明美洲的瓦尔德泽米勒地图》，第 84 页《特诺奇蒂特兰和库斯科的城区图》《1400 年的南京地图》，第 85 页图，第 86 页《美国第一任总统华盛顿亲手绘制的地形图》；第十章第 89 页《标有黄河和长江的〈禹迹图〉拓片》，第 91—92 页图，第 95、97 页图；第十二章 114—117 页全部图片，均来自美国国会图书馆。

第二章第 16 页《亚当斯藏书》来自美国波士顿图书馆。

第九章第 80 页《托勒密画像》，第 82 页图，第 86 页《洪第乌斯画像》《现代世界地图的形式》，来自维基百科。

第十章第 99 页《中国明朝人制作的仿古浑天仪》图片来自百度百科。

在此一并致谢。

# 致 谢

首先感谢资深作家韩秀女士向我建议为少年读者撰写“美国国会图书馆”这个既富有趣味又充满挑战的课题，也要感谢她多年来对我写作的鼓励。本书大部分章节原是为台湾《幼狮少年》杂志撰写的专栏文章，该刊主编沈怡汝女士曾提出过不少有益建议，章节中的部分小标题也出自她手，特此致谢。这个系列文章的文字和图片现经过大量补充和修改，得以结集成书。

本书写作过程中，曾得到美国国会图书馆多位工作人员的大力协助，其中包括亚洲部的宋玉武博士和张建京先生，地理与地图部的 John Hessler 教授，对外交流办公室的 Jennifer Gavin 女士，主阅览室的 Ann Gardner 女士，小读者中心的 Karen Jaffe、Sally Fasman 和 Sasha Dowdy 女士，以及曾任国会图书馆讲解员的 Peggy Christoff 博士等，在此一并致谢。

也要感谢周庆明先生、俞小薇女士与陈一川先生仔细审阅书稿，并提出宝贵建议。

更要特别感谢漓江出版社的副总编吴晓妮女士、编辑戴秀敏女士与设计师左奎星先生为此书付出的大量心血。

最后要感谢以下三位在生命历程中对我有重大影响的人：我的母亲刘缘子女士，她在我年仅三岁时就在我心里播下爱书的种子，并在我和同龄人被剥夺求学权利的漫长岁月里鼓励我自学；我的博士导师 John G. Nicholls 教授，他授予我严谨的治学态度和科学的研究方法；我的夫君 Dennis L. Glanzman 博士，他自事业至生活的各个方面给予我无微不至的关爱和始终如一的支持。

2017 年 9 月

图书在版编目（C I P）数据

畅游世界最大图书馆：美国国会图书馆 /（美）刘媖 著、摄影 .—桂林：漓江出版社，2017.11
ISBN 978-7-5407-8219-1

Ⅰ.①畅… Ⅱ.①刘… Ⅲ.①美国国会图书馆－介绍 Ⅳ.① G259.712

中国版本图书馆 CIP 数据核字 (2017) 第 219292 号

策划编辑：吴晓妮
责任编辑：张玉琴
助理编辑：戴秀敏
设计制作：左奎星
封面及内文插画：左奎星
责任营销：谢 阅 戴秀敏

出版人：刘迪才
漓江出版社有限公司出版发行
广西桂林市南环路 22 号 邮政编码：541002
网址：http://www.lijiangbook.com
全国新华书店经销
销售热线：0773-2583322

北京汇瑞嘉合文化发展有限公司
（北京市经济技术开发区荣华南路 10 号院 邮政编码：100176）
开本：787 mm × 1092 mm 1 / 8
印张：15.75 字数：80 千字
2017 年 11 月第 1 版 2017 年 11 月第 1 次印刷
定价：118.00 元